Die Tagebücher von

Johann Carl von Dallwitz

(1812 – 1815)

und

Adolf George von Göphardt

(1813)

Heft 37

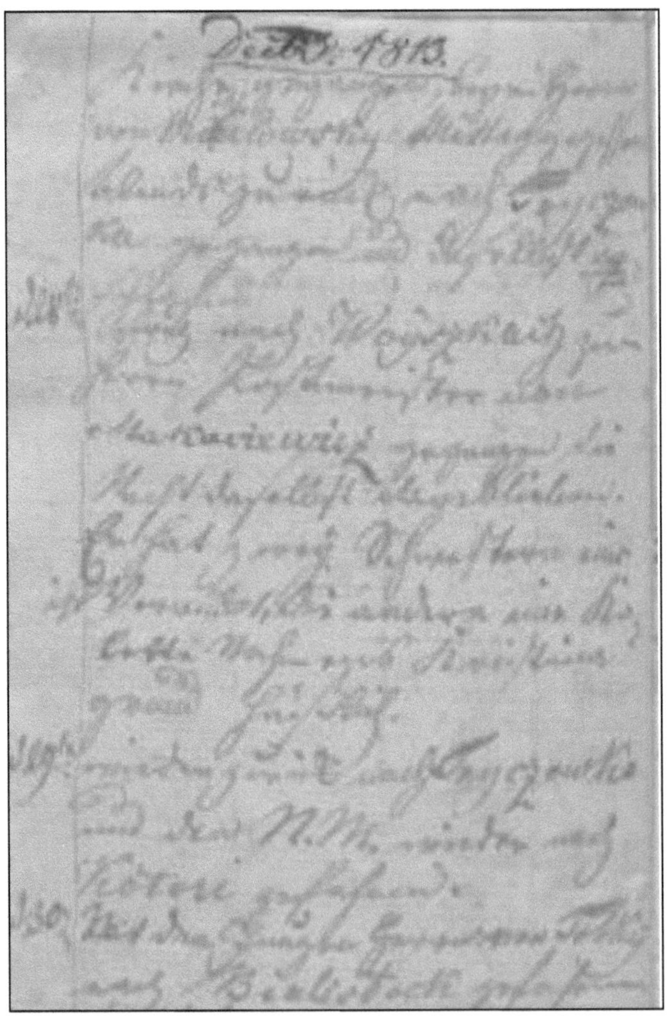

Abb. 01   Faksimile der Seite mit den Eintragungen vom 27. bis 30.12.1813 (Dallwitz)

Die Tagebücher von

Johann Carl von Dallwitz

(1812 – 1815)

und

Adolf George von Göphardt

(1813)

Bibliographische Information der Deutschen Biliothek

Die Deutsche Bibliothek verzeichnet diese Publikation in der Deutschen Nationalbibliographie; detaillierte bibliographische Daten sind im Internet über http://dnb.ddb.de abrufbar.

Die Deutsche Bibliothek – CIP – Einheitsaufnahme

Jörg Titze (Hrsg.)

Die Tagebücher von Johann Carl von Dallwitz (1812 – 1815) und Adolf George von Göphardt (1813)

ISBN 978-3-7392-1691-1

Herstellung und Verlag:

Books on Demand GmbH, Norderstedt

Inhaltsverzeichnis

Seite

[6]

Vorwort

Nachfolgend wiedergegeben werden die Tagebücher von den sächsischen Infanterie-Offizieren Johann Carl von Dallwitz und Adolf George von Göphardt.

Johann Carl von Dallwitz (✳ 1791 ✝ 1872[1]) stand 1812 beim Regiment Niesemeuschel, kämpfte bei Kobryn und geriet dabei in russische Gefangenschaft. 1814 beim Depot des 2ten prov. Regiments angestellt, wurde er von da zum 2ten Niederlausitzer Landwehr-Bataillon kommandiert. Nach dessen Demobilisierung bei der leichten Infanterie angestellt[2], kam er schließlich 1815 zum Landwehr-Reserve-Regiment.

Mit der Anstellung beim 3ten Schützen-Bataillon erfolgte 1821 die Beförderung zum Premierleutnant, 1834 die zum Hauptmann.

Das wiedergegebene Tagebuch umfasst den Zeitraum vom 11.02.1812 – 10.09.1815. Es ist recht flüchtig geschrieben; Kommata, Endungen und Rechtschreibung sind recht oft willkürlich. Begriffe (z.B. Thom statt Dom), Kommata und Ortsnamen wurden daher teilweise zur Herstellung des Verständnisses angepasst.

Adolf George Wilhelm Leopold von Göphardt[3] (✳ 1789 ✝ 1878) war 1813 Brigade-Adjutant der Infanterie-Brigade des General-Majors von Mellentin und im

---

[1] Am 11.05.1837 zum Ehrenbürger Leipzigs ernannt.

[2] Eine Anstellung, die er wegen einer nicht zugestellten Ordre und nachfolgender Krankheit nicht antreten konnte.

[3] ab 1807 im Regiment Prinz Clemens; Sous-Leutnant 03.10.1807, Premier-Leutnant 26.08.1809, Capitän 04.05.1813

Regiment von Steindel (1812 Prinz Clemens) mit dem Dienstgrad Capitän angestellt.

Die Beförderung zum Major erfolgte 1823. 1841 wird Göphardt, der als Oberstleutnant (13.12.1834) Kommandeur des 1sten Batl.s / 1stes Linien-Regiment war, zum Unterkommandanten des Königsteins ernannt. Bei seinem Abschied werden ihm die Ehrenbürgerrechte der Stadt Zittau (07.09.1841) verliehen.

Die wiedergegebenen und sehr sauber geschriebenen zwei Tagebücher umfassen im Teil 1 den Zeitraum vom 14.05. – 22.09.1813 und im Teil 2 den Zeitraum vom 14.08. – 07.09.1813, überschneiden sich also. Der Teil II weist dabei einen höheren Detailierungsgrad auf.

Die Tagebücher werden durch eine Liste der im Text erwähnten Offiziere sowie mehrerer Übersichtskarten ergänzt.

Bedanken möchte ich mich beim Team des Hauptstaatsarchives in Dresden für die wie immer problemlose Bereitstellung der Akten und Kopien.

Natürlich möchte ich mich auch bei Ihnen, verehrter Leser, dafür bedanken, dass Sie sich zum Kauf dieses Buches entschlossen haben. Insofern Sie Anregungen und Kritiken haben oder mir einfach nur mitteilen wollen, ob Ihnen das Buch gefallen hat, so können Sie mich via email unter sachsen-titze@t-online.de erreichen.

Ihr

Jörg Titze

Tagebuch

Johann Carl von Dallwitz

vom 11ten Februar 1812 an

bis mit 10ten September 1815

Abb. 02   Umgebung von Kobryn

Februar 1812

den 11ten Aus Dresden ausmarschiert, Marsch Quartier Pulsnitz in der Oberlausitz, kalt, gut Wetter, gut Quartier

den 12ten Dübring, wendisch, gut Wetter, gut Quartier beim Förster. Da ganze Dorf eifrig katholisch und man bemerkte deutlich die Abneigung gegen Lutheraner. Mit Tettenborn

den 13ten Derbo, wendisch, halb Ober halb Niederlausitzsch, gut Wetter, leidliches Quartier, blieb aber über Nacht nicht da sondern fuhr nach Spremberg zu Tante Stangen.

den 14ten Klein Jammno, wendisch, Schneegestöber und Regen, schlecht Quartier, viel Ungeziefer

den 15ten Bärenklau, Kantonierung, gut Quartier mit dem Herrn Hauptmann von Kyaw, Lt. von Schwarzbach und von Tettenborn. Richter kam ein paar Tage später auch hin, fleißig exerziert.

den 28ten wurde Richter delogiert

März 1812

den 6ten der Herr Hauptmann von Linsingen zu uns ins Quartier gekommen

den 15ten nach Sackro, Wetter leidlich, Quartier schlecht

den 16ten Revue vorm General Graf Reniers bei Forste passiert, von da zurück nach Sackro

den 17ten wieder nach Bärenklau

den 28ten nach Gülen, sehr gut Quartier

den 29ten nach Crossen, schlechter Weg und Wetter aber leidliches Quartier mit Tettenborn

den 30ten in Crossen, Rasttag gehabt

den 31ten Groß Blumberg, schlecht Wetter und Weg aber leidliches Quartier mit Tettenborn, großes Dorf

April 1812

den 1sten Palzig, beim preußischen Hauptman von Potzkowsky außer Dienst gewesen, war Adju beim Prinz Louis, gut Wetter und Weg, sehr gut Quartier mit Hauptmann von Kyaw und von Linsingen, Lt. Dassdorf und von Tettenborn in ein schönes Schloß.

den 2ten Kargo in Polen, gut Wetter und Weg, leidliches Quartier mit Tettenborn /: 38 Windmühlen :/

den 3ten Rasttag daselbst

den 4ten wurde ich nach Scalowa zwischen Kargo und Solawa detachiert, man sah auf diesen Marsch Glogau liegen, Weg und Wetter leidlich, Quartier auch am Vorwerk gut, in Schlesien

den 5ten Neugut bei Fraustadt in Polen, Wetter Weg und Quartier leidlich mit Hauptmann von Kyaw und Lt. von Tettenborn /: bei Fraustadt 99 Windmühlen :/

den 6ten Lissa, leidliches Wetter und Weg, schlecht Quartier mit Tettenborn, größtenteils Juden

den 7ᵗᵉⁿ Rasttag daselbst

den 8ᵗᵉⁿ Siemovo bei Gostin stark Polnisch beim Geistlichen /: welcher ungeheuer viel Bier und Brandwein trinken konnte :/ mit von Kyaw, von Tann, von Elterlein und von Tettenborn

den 9ᵗᵉⁿ …………… bei Gossmin beim Edelmann gut Quartier und Weg, Wetter schlecht viel Regen und Schnee, mit Major Grafen von Bünau, Lt. von Low und meinem Bruder Otto, ich wurde diesen Tag sehr krank.

den 10ᵗᵉⁿ Pleszewo, Weg Wetter und Quartier leidlich

den **11ᵗᵉⁿ** Stawieszin bei Kalisch, leidliches Quartier mit Tetenborn

den 12ᵗᵉⁿ , 13ᵗᵉⁿ und 14ᵗᵉⁿ daselbst kantoniert

den 15ᵗᵉⁿ Strewingo mit Kyaw und Tettenborn gut Quartier, Wetter und Weg leidlich

den 16ᵗᵉⁿ Neu Malkow bei Wartha mit Kyaw, Glasser und Tettenborn, Wetter und Weg auch Quartier leidlich, Westphälische Offiziere. Betragen!

den 17ᵗᵉⁿ Die Warthe passiert, in Wirszowice bei Staceck mit von Kyaw und von Tettenborn ins Quartier gekommen, leidlich

den 18ᵗᵉⁿ Wistkittno bei Fabianice mit Kyaw und Tettenborn bei einem kranken Edelmann, Wetter und Weg leidlich, Quartier gut

den 19ᵗᵉⁿ Przyleyszice bei Jeszow mit Kyaw und Tettenborn bei einem gewesenen preußischen Kapitain gut Quartier, Wetter und Weg leidlich

den 20ten Jaszin bei Lubochnia mit Kyaw und Tettenborn bei einem ausgezeichneten echt polnischen Schlachtschitzen ergo schlecht Quartier – Weg und Wetter leidlich

den 21ten Langenice bei Nowemiasta mit mehreren Kameraden vom 2ten Schützen Regiment beim Probst welchem ich Prügel anbot und er sie auch beinahe erhalten hätte, mit Tettenborn und Schulzen von den Schützen schlecht Quartier, Weg und Wetter leidlich

den 22ten die Pelica passiert und nach Pukowno bei Przydick in ein gut Quartier zum Herrn von Badowsky gekommen, Weg und Wetter sehr gut etwas reizarm.

———

April 1812 – Bekanntschaften

In Ratoszyn

Major von Zabockrszicky nebst Frau Gemahlin; Fräulein Salomée und Felicité, deren zwei Brüder und den Lehrer v.Wyrzykosky

In Smarczow (Quartier Hauptmann v.Kyaw)

Herrn von Domaczewsky nebst Frau Gemahlin, zweier Fräuleins und zweier Söhne, wovon der ältere polnischer Offizier gewesen.

In Rogolin (Lt. v.Tettenborn)

Die Gräfin von Makowieska nebst Fräuleins Agnes und Maria

<u>In Rasanow (Lt. v.Schwarzbach)</u>

Herrn Capitain von Glutczinsky nebst Frau Gemahlin (der Herr Capitain waren oft betrunken)

In dieser Gegend die glücklichsten Tage in den verschiedenen Familien erlebt. Mein Herr Wirt in Pukowno ein Herr Andreas von Badowski hatte unter andern angeordnet, dass täglich 2 Pferde zum Reiten zu meiner Disposition da waren. Ich benutzte sie um Vormittags zu den nur selten vorkommenden Exerzierübungen hin du zurück zu reiten; Nachmittags ritt ich in der Regel allein oder mit meinem jungen Herrn Wirt nach Ratoszyn, amüsierte mich mit den jungen Damen und gegen Abend ging ich mit deren Vater auf den Schnepfen Anstand. Auf dem Rückweg kamen uns die jungen Damen entgegen und wischten uns die von Mücken zerstochenen Wangen mit wohlriechenden Tüchern ab. – Spät abends ward nach Bukowno zurück geritten, was nur eine kleine halbe Stunde entfernt ist.

———

April 1812 – Revuen

Bei Pirschnia vorm Herrn General von Klengel

Bei Jettlinsko vorm Herrn General-Leutnant von Gutschmidt

———

Mai 1812

den 16ten zur Revue an der Weichsel, Nachtquartier in Pobrowinky mit dem Stab und der 2ten Kompanie.

den 17ten Revue vorm General Graf Reynier nahe bei der Weichsel, von da zurück nach Pobrowinsky.

den 18ten nach Koczienice an der Weichsel im Hauptquartier des Genera Reynier, Nachmittags 1 Uhr von Pobrowinsky abmarschiert und bei einem infamen Juden mit Tettenborn ins Quartier gekommen. Ein Hauptspaß mit dem Juden gehabt /: er bekam Prügel :/

Im Wald von Pobrowinsky nach Koczienice Waldbrände.

den 27ten hatte ich Wache beim General Reynier

den 28ten merkwürdige Prozession zum Frohnleichnams Feste, Hass der Christen und Juden.

den 31ten Czeczickow, Kloster und Städtchen, schlecht Quartier mit Brandenstein, Buschbeck und Tettenborn, das 1ste Bataillon daselbst. Alle Arten von Ungeziefer – Nachtwandler –

Juni 1812

den 1sten Revue vorm König von Westphalen, unbeschreibliche Absenir des Obersten Vogel, Ordre in den Brückenkopf aufs Biwak zu rücken; Conterordre zurück nach Czeczickow, die Nacht wegen Ungeziefer kampiert.

den 2ten Baranow, Städtchen, die Weichsel passiert über die Schiffsbrücke, hübsches Lager im Brückenkopf.

Quartier mit dem Stab mit Tettenborn bei einem Juden, wir speisten auf den Hof mit dem Stab.

den 3ten Rasttag

den 4ten dem Graf von Bünau zu seinem Abschied gratuliert und meine beiden Brüder auf den Dörfern besucht. Abends 9 Uhr Ordre in den Brückenkopf bei Boreck an der Weichsel zu rücken erhalten, ½ 10 Uhr dahin abmarschiert

den 5ten früh ½ 8 Uhr bei Boreck angekommen, umsonst marschiert, Abends nach 8 Uhr in Quartier Pialky mit Tettenborn zum Bruder Otto in ein gut Quartier gekommen. Eigensinn des Herrn v. N.N.....

den 6ten Kollin, bei Wargoszin früh 3 Uhr abmarschiert, Abends 6 Uhr mit Kyaw und Tettenborn in ein leidlich Quartier gekommen.

den 7ten Wola Ramkoska bei Gerwolin, früh 2 Uhr abmarschiert und Mittag 2 Uhr mit Kyaw und Tettenborn in ein recht gut Quartier gekommen

den 8ten früh marschiert, der Hauptmann von Brochowski brachte uns Contreorder und zugleich die Nachricht der General von Gutschmidt sei tot.

den 9ten Gozicz bei Laskarzew, ½ 3 Uhr marschiert, mit Kyaw, Glasser, Brandenstein, Buschbeck und Tettenborn in ein leidlich Quartier gekommen

den 10ten bis 16ten daselbst kantonniert.

den 15ten Abends 11 Uhr Order zum Marsch erhalten, um 12 Uhr abmarschiert

den 16ten Gunwolik, leidliches Quartier mit Tettenborn

den 17ten Glinianka, ein Städtchen mit Tettenborn und Buschbeck in einer schönen Judenschenke; Kyaw, Glasser und Brandenstein beim Probst

den 18ten Rasttag

den 19ten Praga bei Warschau, mit Schwarzbach und Tettenborn in ein gut Quartier.

Von den Lt. von Rockhausen vom Regiment Clemens ein schönes braunes Pferd gekauft, wo mir den andern Tag noch einmal so viel dafür geboten ward. Rebellion in Warschau.

den 26ten Nachmittags 5 Uhr abmarschiert auf den Biwak 2 Stunden von Sirock

den 27ten bei Sirock die Narew passiert, durch Pultusk gegangen, heftiges Gewitter; die Brigade in einem Dorfe übernachtet, das 1ste Bataillon in einer Scheune; die Kompanie hatte so viel Marode, dass ich mit ohngefähr 24 Mann einrückte, alles übrige war marode geworden.

den 28ten Rozan, leidliches Quartier mit Elterlein und Glowacky

den 29ten Rasttag, hier erhielten wird die Nachricht, dass der Krieg erklärt sei.

den 30ten früh 7 Uhr wurden wir über die Narew gesetzt, drüben wurde gewartet bis alles rüber war, während mir mein Bursche das Pferd wegkommen ließ. Das ganze Regiment bei Czerwin in der Scheune, ich hatte die Polizeiwacht.

Juli 1812

den 1ˢᵗᵉⁿ Zambrow mit Tann, Elterlein, Zezschwitz bei einem Juden

den 2ᵗᵉⁿ bei Suraz, Quartier mit Elterlein in einem Dorf mit der 2ᵗᵉⁿ Kompanie

den 3ᵗᵉⁿ über die Narew, welche dort die Grenze macht und die Nacht ½ 12 Uhr nach Bialystock

den 4ᵗᵉⁿ Rasttag bei Bialystock

den 5ᵗᵉⁿ Prostozewice auf den Biwak

den 6ᵗᵉⁿ Biwak bei Drakow

den 7ᵗᵉⁿ Biwak bei Wolkowysk

den 8ᵗᵉⁿ Biwak bei …..

den 9ᵗᵉⁿ Biwak bei Zelwig

den 10ᵗᵉⁿ Biwak bei Slonim und zum ersten Mal auf Feldwacht

den 11ᵗᵉⁿ auf Feldwacht gekommen

den 12ᵗᵉⁿ Biwak bei Polankow

den 13ᵗᵉⁿ Biwak bei Zelzawice

den 14ᵗᵉⁿ Biwak bei Stalowicze

den 15ᵗᵉⁿ Biwak bei Nieszwiesze

den 16ᵗᵉⁿ Biwak bei Lachowice

den 17ᵗᵉⁿ Biwak bei Ostrow

den 18ᵗᵉⁿ bei Byllin

den 19ten Rasttag, Abens kam ich mit den Wagen bei Bytin an,

den 20ten bei Roszow in die Qartiere

den 21ten nach Bercza in die Quartiere

den 22ten in Prusanne Nachtquartier gehabt. Abends wurde geladen.

den 23ten Biwak bei dem Dorfe Tebelle

den 24ten Kobrin, Lager, gleich auf Polizeiwacht gekommen.

den 25ten den Leutn. von Nostitz zur Polizeiwacht abgelöst, indem er als Kurier zum General Reynier geschickt wurde; gegen Abend sie Nachricht erhalten, dass der Rittmeister Heymann vom Ulanen Regiment bei Brzecsk mit seinem Detachement eine Affaire mit dem Feind gehabt, dass der Rittmeister Heymann und Leutn. von Salza blessiert und gefangen und der Prem.Leutn. von Bärenstein welcher sich mit dem übrigen Teil der Ulanen durchgehauen auf der Retirade nach Kobrin begriffen sei; welches sich in der Folge auch bestätigte.

Unsere Equipage ging diesen Abend noch unter dem Leutn. von Zezschwitz geführt ab, wir aber blieben diese Nacht über vorm Lager unterm Gewehr stehend auf Bereitschaft.

den 26ten gegen Abend kam der Befehl, dass wir die Nacht über in unseren Baracken ruhen könnten, aber es dauerte nicht lang so kam ein 2ter Befehl wir sollten in der Stadt auf dem Markt biwakieren. Wir rückten daher sogleich in die Stadt, hier wurden nun 2 Kompanien, nämlich die 3te und 4te bestimmt mit der Equipage zu marschieren.

Ich wurde mit einer ½ Division von der 1sten Kompanie zu Deckung zweier Kanonen welche der Leutn. Glowacky kommandierte auf Bereitschaft vor die Stadt kommandiert, wo ich Tettenborn traf.

Den Vormittag kam das Regiment König, welches nach Brzesck zu detachiert gewesen war hier an. Des Nachts 12 Uhr kam die 5te Kompanie und mein Bruder Max an von Kura.

den 27ten früh 4 Uhr ging ich von Bereitschaft ab, in dem wir von 2 Kompanien vom Regiment König abgelöst wurden. – nun ging ich zu meinem Bruder, welchen ich seit Warschau nicht gesehen. Gegen ½ 6 Uhr kam der Brigade Adjutant Heintze gesprengt und benachrichtigte uns, dass er Feind in der Nähe sei und es wurde sogleich aufgebrochen und vor die Stadt gerückt. Das 1ste Bataillon wurde in den umzäunten Garten postiert, wo ich diesen Morgen erst von Bereitschaft gekommen war.

In diesem Garten standen wir 4 Stunden ohne etwas zu leisten, bloß Freiwillige und die Kompanie Schützen tiraillierten. Die Ulanen blänkerten Anfangs, als aber unsere Blänkers von der Übermacht der Russischen Kavallerie gedrängt wurden und sich den Eskadrons immer mehr und mehr näherten so attackierten beinahe zugleich auf 3 Orten. Der Feind war gering geschätzt, an jedem Ort wohl 5 bis 6mal überlegen, sie wurden aber dem ohngeachtet von unseren Ulanen jedes Mal geworfen. Als sie nun wohl einsehen mochten, dass sie mit uns nichts anfangen können, so gingen sie von beiden Seiten der Stadt über die Pforte und umgingen uns auf diese Art förmlich. Bei dieser Gelegenheit konnte man recht genau sehen, was für eine ungeheure Menge Kavallerie die russische Armee bei sich hatte.

Endlich sah man die Infanterie anmarschiert kommen, und zwar von der Diwiner Straße her. Als man sich nun genau überzeugte, dass es Infanterie sei, zogen wir uns alle in die Stadt auf den Markt zurück und besetzten alle Straßen der Stadt von innen. Es dauerte nun nicht lange und es kamen die russischen Jäger an und das Schießen nahm auch mit dem kleinen Gewehr seinen Anfang, der Feind büßte eine unbändige Menge Leute ein, wir hatten kaum den 7ten Teil so viel Blessierte und Tote als der Feind. Wir verteidigten uns hier wieder 5 Stunden so hartnäckig als sich eine Truppe nur schlagen kann.

Jetzt brannte die Stadt beinahe ganz und man konnte es vor Glut kaum aushalten. Die Leute hatten sich nun auch gänzlich verschossen und man sah sich genötigt, zurück ins Kloster zu ziehen. Die 6te ½ Division deckte die Retraite. Ich hatte mich auch mit angeschlossen und erhielt kurz vor dem Kloster eine Blessur am linken Oberschenkel, welche, da die Kugel schon etwas matt nicht von großer Bedeutung war. Endlich kam ich durch ein paar Mann geführt im Kloster an, hier verteidigte man sich aus dem Kloster beinahe noch 10 Minuten um das Finale war: man ergab sich, nun ging das Plündern an, wie es da zuging will ich nicht erwähnen.

Unsere Fahnen wurden übers Altar und zwar die Spitzen unten und übers Bezug gestellt. Die Offiziere wurden in einer Kapelle bewacht, damit sie nicht von des Kosaken

Gesindel gemisshandelt werden sollten, hier blieben wir ungefähr ½ Stunden, so dann wurden wir ½ Stunde von Kobrin auf einen Edelhof (Brilowerhof, gehört einem Herrn v.Bose) gebracht, wo das Hauptquartier von General Turmanzow war, welcher dieses Korps kommandierte.

Wir blieben diesen Tag und die Nacht über auf diesem Edelhof.

den 28ten früh gegen 8 Uhr brachte man unsere Fahnen, welche sie jetzt erst gefunden hatten, fliegend ins Hauptquartier des Generals Turmanzow. Mittag gegen 3 Uhr wurden wir forttransportiert und kamen 2 Meilen von Diwin in Lachowicze in einer Scheune zu liegen. Schaudervolle Szenen in der Nacht, der Major von Wolframsdorf und der Ulan Engler wurden blessiert, ersterer durch den rechten Oberarm mit dem Bajonett gestochen, letzterer durch den rechten Schenkel gestochen.

Ich büßte hier mein einziges Schnupftuch ein, was ich gerettet hatte.

den 29ten Diwin, wo uns der Obrist Reichel übernahm, viele Versprechungen

den 30ten Rasttag. Wir Offiziere mussten uns unterzeichnen uns nicht eigenmächtig zu entfernen; Betrügereien der Juden wo wir in Quartier lagen

den 31ten Ratno, eine Judenstadt, leidliches Quartier doch schlecht Wetter und Weg; die gute Bewirtung der alten Gräfin Basnowska.

August 1812

den 1sten Datin, schlecht Wetter und Weg, 3 Scheunen, etwas mehr Freiheit erhalten

den 2ten Cercehice, leidliches Quartier, schlecht Wetter und Weg

den 3ten Rasttag

den 4ten Kobel, von den dort in Depot stehenden russischen Offiziers sehr freundlich aufgenommen worden, gut Quartier, leidlich Wetter und Weg

den 5ten Rasttag

den 6ten Lubke, geizige unfreundliche Leute

den 7ten Halop

den 8ten Rozies, freundlicher Ort

den 9ten Rasttag

den 10ten Luck, hübsche Stadt

den 11ten Rasttag

den 12ten Neuschütz, ein Dorf

den 13ten Dubnow, sehr hübsche Stadt, ziemlich groß, leidliches Quartier, Bekanntschaft des Pater Otto, bei einem Juden ein Mittagsmal eingenommen, schlecht Wetter und Weg

den 14ten Rasttag; sehr gute Leute, welche sich sowohl gegen uns als auch gegen unsere Blessierten sehr wohltätig bewiesen

den 15ᵗᵉⁿ in einer Scheune 2 Meilen von Dubno im Quartier gelegen

den 16ᵗᵉⁿ Kunow; bei einem Juden gelegen, welchen ich beinahe durch eine Ohrfeige schlaff gemacht hätte. Wasserquartier

den 17ᵗᵉⁿ Rasttag

den 18ᵗᵉⁿ auf einem Dorf in einer Judenschänke, schlecht Wetter, Weg und Quartier

den 19ᵗᵉⁿ Zaslaw; hübsches Städtchen, in Alt und Neustadt geteilt, schönes Schloß, Wohltätigkeit der alten Fürstin.

Bekanntschaft eines jungen Mannes, welcher sich sehr wohltätig gegen mich und noch einige Offiziers bewies. Der junge Mann hieß Ignaz Edler von Krziekowski, Proviantschreiber.

Schöne Pferde der Fürstin Augusta Sanguskowa in der Stadt Zaslaw.

den 20ᵗᵉⁿ und 21ᵗᵉⁿ Rasttag

den 22ᵗᵉⁿ Szmilow, ein Städtchen

den 23ᵗᵉⁿ Polona; Bekanntschaft eines polnischen Edelmannes, hatte ein hübsche Tochter

den 24ᵗᵉⁿ Rasttag

den 25ᵗᵉⁿ Meropoli, in schönen Scheunen im Quartier gelegen

den 26ᵗᵉⁿ in Scheunen gelegen

den 27ᵗᵉⁿ Scitno

den 28ᵗᵉⁿ Piatkow

den 29ᵗᵉⁿ Rasttag

den 30ᵗᵉⁿ Trojanow, die Nacht vom 29ᵗᵉⁿ zum 30ᵗᵉⁿ 33 Mann von uns selbst ranzioniert.

den 31ᵗᵉⁿ Szitomirz, recht leidliches Quartier

September 1812

den 1ˢᵗᵉⁿ Rasttag, Übergabe an den Oberstleutnant Toll

den 2ᵗᵉⁿ in einem unbewohnten Schloss. Kapelle überladen mit Pracht *id est* mit Zierrat.

den 3ᵗᵉⁿ durch ein Dorf in einem unbewohnten Schloss, hübscher aber verwilderter Garten.

den 4ᵗᵉⁿ Radomissel, leidliches Städtchen

den 5ᵗᵉⁿ Rasttag

den 6ᵗᵉⁿ Modiczin, in luftigen Scheunen

den 7ᵗᵉⁿ mit den Offizieren von König in einem Edelhofe welcher in einer alten Schanze war, es hatte zuvor ein russisches Lazarett da gelegen

den 8ᵗᵉⁿ Rast

den 9ᵗᵉⁿ Pialikarotka, in einem Bauernhaus mit Allmer und Tettenborn

den 10ᵗᵉⁿ Kyow an Dnieper, sämtliche Offiziere in einem Haus, sehr eng

den 13ᵗᵉⁿ bei den Bürgern zu 2, 4 bis 6 einquartiert

den 16ten wurde unser Regiment nach Petczersck verlegt

Kyow ist eine ungeheuer große Stadt (Stadt ist bloß gesagt), die jedoch durch die im Juni vorigen Jahres große Feuersbrunst einen bedeutenden Teil verloren hat, bis jetzt hat sie auf kaiserlichen Befehl noch nicht aufgebaut werden dürfen.

Die Häuser sind nicht besonders schön, meistens niedrig, und sogar ein sehr großer Teil bloß hölzern. Es gibt 99 Kirchen, wobei selbst lutherisch reformierte und römisch katholische sind.

Einige haben prachtvolle ganz übergoldete Kuppeln. Die ganze Stadt wird in 3 Teile geteilt, in Alt- und Neu-Kyow, Potol und Peczerck, bei welchen letzteren die Festung ist. In Peczerck sind viel hübschere Häuser, meistens nach italienischem Geschmack gebaut, das Gericht ist ein besonders schönes Gebäude pp. –

Kyow ist gegen 20 – 30 Werst lang. Stara Kyow und Petczersk liegen ziemlich hoch und der Weg ist teilweise schlecht ein Knüppeldamm, so auch in Petczersk.

November 1812

den 23ten wurde das Regiment nach dem Dorfe Koruniewka verlegt. Bekanntschaft mit Fräulein Feotosia Michailawicz, mehrere frohe Stunden in diesem Haus gehabt.

Dezember 1812

den 4ten ins Lazarett gekommen, Schwarzbach auch. In die Stube mit dem Hauptmann von Metzradt und Leutn. von Tettenborn

den 6ten früh Punkt 10 Uhr starb der Prem.Leutn. Kaiser von der Artillerie in der Stube neben uns.

den 18ten verließ ich das Lazarett, mein Bruder holte mich aufs Dorf heraus und schenkte mir einen Pelz

den 20ten schrieb der Bruder einen Brief an den Onkel Preuss nach Dresden.

Januar 1813

den 28ten kam Tettenborn zu uns nach Koruniewka ins Quartier

den 30ten schrieb der Bruder einen Brief an den Bruder Wilhelm

März 1813

den 18ten erhielt ich 45 Rtlr. und der Bruder 125 Rtlr. aus Sachsen.

den 20ten machte ich mit dem Leutn. Allmer vom Regiment König und mit Tettenborn von uns Brüderschaft

Mai 1813

den 21ten kam der Ukas hier an, dass wir ausgewechselt werden würden /: ein fröhlicher Tag :/

Juni 1813

den 5ten endlich nach so langen Zögern marschierte heut Nachmittag 2 Uhr die Offiziers Kolonne unter Kommando des Herrn Major von Schlieben nach dem geliebten Vaterlande zurück. Das erste Nachtquartier in Bialikorodka

den 6ten früh um 8 Uhr sollten die Wagen zur Transportierung der Offiziers Equipage parat sein, aber wie kann man glauben, dass es die Trägheit der russischen Behörden zulassen könnte, etwas schon besorgt zu haben, von was sie erst seit 14 Tagen unterrichtet sein. Nachdem die Leute von früh 7 Uhr bis Nachmittag ½ 3 Uhr gewartet hatten, kamen die Wagen zu Transportierung der Offiziers Equipage an. Es ist ein wahrer Greul, die Langweiligkeit und Faulheit dieser Nation mit anzusehen.

Z.B. wurde ohngefähr vor 8 Tagen das hiesige Rekruten Bataillon zur Besichtigung und Durchzählung vorbestellt. Man hätte glauben sollen dieses hätte in Zeit von höchstens einer Stunde geschehen sein können, aber kein Gedanke. Es war kein Offizier noch Unteroffizier im Stande die Leute richtig durchzuzählen, sie fingen wohl zehnmal wieder von vorne an zu zählen und zu rechnen, bis es ihnen endlich gelungen sein die Summe heraus zu bekommen. Wie dieses geschehen, so gaben sie

Bajonettscheiden und Patronentaschen an die Leute aus, dieses kann ebenfalls in 1 Stunde geschehen sein. Aber auch dazu brauchten sie wieder 2 Tage /: Es klingt lügenhaft, ist aber eine Wahrheit :/

den 7ten Nachmittags 2 Uhr kam der Befehl, das die 2te und 3te Kolonne sich vereinigen und nur eine Kolonne bilden sollten.

den 8ten kam der Befehl, dass die 4te mit der 2ten und 3ten Kolonne auf den Donnerstag marschieren sollten. Abends spät kam aber noch der Befehl, dass es unterbliebe, indem die 4te Kolonne erst den Sonnabend marschierte

Mein Bruder zog den 7ten dieses nach Petzersk zum General von Klengel und den Brigade Adjutant.

Heute fuhren der General Klengel, Oberst Zezschwitz, Major Stünzner und Brigade Adjutant Aster Kurier mäßig nach Bialystok ab.

den 10ten früh 6 Uhr marschierte die 2te und 3te Kolonne ab

den 12ten nach Bialikarodka, früh 5 Uhr von Siretzk abmarschiert und Mittags 12 Uhr in eine Scheune ins Quartier gekommen mit Allmer, v.Brandenstein und von Polenz; die Nacht desertierten zwei Hautboisten

den 13ten nach Bisczow, ein klein Juden Städtchen, während dem Marsch einen kleinen Hund gekauft. Mit dem Bruder, Herrn Kommissär Joschinsky, Allmer, Brandenstein und von Polenz in einer Scheune gelegen.

den 14ᵗᵉⁿ nach Braschelew, einer Stadt. Mit Allmer bei einem Juden ins Quartier gekommen. Sehr schöne Juden und Christen Mädchen gesehen. Judenhochzeit

den 15ᵗᵉⁿ in Korustchow mit Allmer bei einem Juden gelegen. Ebenfalls sehr schöne Mädchen gesehen.

den 16ᵗᵉⁿ Rasttag

den 17ᵗᵉⁿ nach Sytomirsz, bei den alten Juden Aron mit dem Bruder, den Kommissär und Brandenstein. Der Bruder kaufte einen 6jährigen Tatarischen Schimmel für 10 Dukaten.

den 18ᵗᵉⁿ nach Pulin, ein Flecken. In einer Juden Schänke mit sämtlichen Herrn Offiziers gelegen, Heinecken ausgegangen. Forcierter Ritt nach einem Vorspann Wagen.

den 19ᵗᵉⁿ nach Niehsekor, ein recht hübsches Dorf; mit Allmer

den 20ᵗᵉⁿ Novogrod Wolinsk, eine Stadt an der Sclutzk, auf einem Felsen eine alte Burg liegend, über eine Fähre gefahren. Mit Brandenstein und dem Sousltn. Graf. Blinder Lärm mit Allmer wegen der Uhr.

den 21ᵗᵉⁿ Rasttag

den 22ᵗᵉⁿ nach Goretz, eine beachtliche Stadt. Mit Allmer bei einem Juden. Der Morgen war so kalt dass Allmer es nicht aushalten konnte und musste seinen Pelz anziehen; bei einem Juden

den 23ᵗᵉⁿ Mascheritz, eine sehr hübsche Stadt; mit dem Bruder, Kommissär und Brandenstein bei einem Juden leidliches Quartier; früh sehr kalt; sehr schöne Paläste und ein sehr schönes Kloster von innen.

den 24ten Rashnicky, ein Dorf; mit dem Bruder, Kommissär, Allmer, Brandenstein, Heinecken und Polenz in einer Judenschenke gelegen. Den Fluß Horen passiert, welcher erstaunend fischreich ist; mit Allmer auf selbigen gefahren. Der Bruder erschoss einen tollen Hund, der Brandensteinen seinen gebissen.

den 25ten Rowenow, eine Stadt; mit den Bruder, Kommissär, Brandenstein und Polenz bei einem Juden; schlecht Wetter und Weg.

den 26ten Rasttag

den 27ten nach Kleban, ein Judenstädtchen; mit Allmer und Heinecken bei einem Juden gelegen; Wetter und Weg schlecht, ganz eingefahren

den 28ten Luzks; den Stier passiert, durch das Städtchen gegangen, wo in Alter Ritter Burg einige Blessierte von Kobrin und von unseren Leuten unter anderen der Sergeant Neumann (✝), Korporal Glude und noch einige von den Russen aufgefundene in Hospital gelegen. Mit Allmer bei einem Juden gelegen.

Bekanntschaften der Fräuleins Petrinella und Victoria, letztere mit der Frau v.Tchowozku in Brandenstein und Polenz seinem Quartier, letztere war sehr schön auch habe ich einen Haarzopf von ihr zum Andenken.

den 29ten über den Stier gegangen und nach Buszicze ins Quartier gekommen mit Almer wo wir schon gelegen als ich an den Bruder Otto für mich und den Bruder Max um Geld schrieb.

Wir mussten Rasttag machen, weil es an Vorspann mangelte.

den 30ten Rasttag

Juli 1813

den 1sten sollten wir nach Szwitnicky kommen, kamen aber nach Brzuchawize zu einem polnischen Major ins Quartier, ein großes Dorf; sämtliche Offiziere aufs Schloss.

den 2ten Kobel, eine Stadt; hier wurde mir mein sehr schön überstrickter Pfeifenkopf mit Rohr gestohlen welchen ich schon sehr lange hatte als wir gefangen waren; mit Allmer.

den 3ten Gotzyn; sollten eigentlich nach Datin kommen; Weg und Wetter sehr schlecht; mit Rittmeister Hann, Ltn. Engel und Allmer in einer Scheune bei einem Edelmann.

den 4ten nach Ratnow, eine Stadt; schlecht Quartier mit Allmer, Brandenstein, Polenz und Heinecken bei einem Juden, schlechtes Benehmen eines russischen Chirurgen bekam 260 Prügel drauf.

den 5ten Rasttag

den 6ten Mockrani, ein Dorf wo die Oestreicher geplündert hatten, mit Bruder und Kommissär bei einem Geistlichen

den 7ᵗᵉⁿ Poscheschyn ein Dorf, mit Chirurgus Kollert unterwegs Mittag gegessen; in einer Scheune mit Allmer, Brandenstein, Polenz und Heinecken

den 8ᵗᵉⁿ Brest Litowsk, sehr große schöne Stadt, sehr viele Kirchen und Klöster; mit Allmer bei einem Juden; mit Brandenstein und Heinecken bei dem russischen Obrist gewesen der sich damals als Gefangene transportiert wurden sehr gut benahmen

den 9ᵗᵉⁿ Wisoky, Städtchen, hier haben die Kosaken als sie zurück mussten ein Schloss in welchen sich ein Magazin befand verbrannt um das es nicht in die Hände des Feindes könnt fallen.

den 10ᵗᵉⁿ Klischtel, ein Städtchen, mit Allmer, Brandenstein, Polenz und Heinecken in einer Scheune, der Bruder bei einem Pfaffen wo ich auch den ganzen Tag war

den 11ᵗᵉⁿ Rasttag, abends kam der Sohn des Pfaffen von Bialystok

den 12ᵗᵉⁿ Bielsk, ein Städtchen; bei deutschen Leuten in ein Gasthaus mit Allmer, Brandenstein, Polenz und Heinecken gelegen, ein polnischer Edelmann bezahlte für uns das Mittagessen. Sauferei und Exzess eines russischen Majors

den 13ᵗᵉⁿ Rasttag

den 14ᵗᵉⁿ nach Wolsky, ein Dorf; mit Allmer, Brandenstein, Polenz und Heinecken in eine verlauste Scheune. Nach den Einrücken ins Quartier furchtbares Gewitter und Regen

den 15ten nach den Dorfe Ducoskoscelna, wo wir als wir damals nach Bialystok marschierten auf Befehl des Generals v.Klengel sehr viel requirierten und die Offiziere auf dem Edelhof speisten.

Wir ließen Bialystok eine Werst weit rechts liegen, es regnete dreimal und gewitterte dreimal.

Mit dem Bruder und Kommissär in eine Stube in dreien dermalen der Regiments-Chirurgus Georgi, der Kosaken-Major und in letztere der Ltn. Allmer und Richter. Brandenstein, Polenz und Heinecken kamen in ein anderes Haus jedoch auf dem selben Edelhof zu liegen. Der Obrist v.Göphardt und seine beiden Adjutanten, die beiden Planitze, Allmer und Tod lagen ebenfalls in ein anderen Haus. Auch Major v.Bevilaqua und Capt. v.Gersdorff lagen mit da.

den 16ten wurden wir an die Bialystoker Behörden abgegeben. Auch ward Allmer und Richter jeder auf ein Dorf detachiert, Richter mit 131 Mann nach Pomiatzsch und Allmer nach Sieronisi mit 60 Mann.

Die beiden Planitze wurden ebenfalls verlegt.

den 17ten erfuhr ich, dass sich mein Vetter Metzsch von Anton in Bialystok gefangen befände und sich nach mich erkundigt hätte. Durch Förstern erfahren /: Förster war der Bursche des Hauptmann v.Bose :/

den 18ten war ich in Bialystok, um den Vetter Metzsch zu besuchen. Im Tiergarten verschiedene Stücken Wild gesehen. So dann den Fürsten und Kommandanten der Reserve-Armee Lewanow in dem er zwei Batterien vorbei defilieren ließ. Er war von Gesicht schwarz braun, klein und schwächlich.

Die Artillerie-Offiziere gingen zu Fuß und trugen Tornister.

den 19ten besuchte uns der Capitain v.Brochowsky, Ltn. Zeschau und Winkel, letztere Beiden übernachteten bei uns.

den 20ten besuchte uns der Ltn. v.Zezschwitz und Oppel

den 21ten besuchte ich Allmer auf seinem Dorf

den 22ten besuchte uns der Herr Obrist v.Zezschwitz und v.Leyser, der Ltn. v.Linsingen, v.Schwarzbach, v.Zezschwitz und der Regiments-Chirurg Weyrmann.

Von Schwarzbachen erfuhren wir die bestimmte Nachricht, dass der Bruder Otto ebenfalls gefangen sei.

den 23ten quartierten ich mit Brandensteinen zu v.Polenz und Heinecken und der Regiments-Chirurg Georgi neben meinen Bruder, der Kosaken-Major in ein anderes Zimmer neben uns, weil der Graf, der Besitzer des Guts, einige Zeit hier logieren will.

den 25ten in Bialystok gewesen, beim Hauptmann von Sahr gespeist

August 1813

den 4ten Besuch von Metzschen und dem Junker Klass bekommen

September 1813

den 17ten nach Klebanowa, ein Dorf delogiert; mit Brandenstein und den Hund in ein Bauernhaus, wo der Wirt den folgenden Tag ausziehen und uns seine Stube überlassen musste.

Max lag mit Major v.Bevilaqua auf dem Edelhof.

den 18ten einen Hasen gehetzt, vom letzten Satz mit Maxen seinen Windhunden.

Oktober 1813

den 28ten delogiert zum Ltn. v.Schieck nach Chotorzinin, ein Dorf. Mit Schieck in ein Quartier bei einem Bauern Schlachtschützen. Der Bruder kam nach Olufky zum Herrn von Skulsky.

Mehrere Bekanntschaften gemacht unter anderen in Tolky den Herrn von Sabellewicz nebst Frau Gemahlin, Herrn Sohn und Fräulein Salomée, alles was man sagt seelengute Menschen,

November 1813

den 16ten vom Jäger aus Duroskoscettna an den Kommissär daselbst verklagt; ein harter Auftritt.

Zu Ende November sprach man von unserer Befreiung, jedoch erfuhr man immer noch nichts gewisses.

Dezember 1813

den 2ten ging der Premierleutnant von Buttlar vom Regiment Prinz Anton schon nach Sachsen ab, weil er eine Ukase vom Kaiser Alexander bekommen, indem selbigen seine Verwandten ihn ausgewirkt.

den 9ten ging der Premierleutnant von Bärenstein (von Ulanen) und Sousleutnant von Rockhausen (von König) ebenfalls dieser wegen schon nach Sachsen voraus; kam der Ukas zu unserer zweiten Befreiung an

den 11ten nach Bialystok gegangen und bei dem Herrn Hauptmann v.Brochowsky übernachtet

den 12ten Hundert Rubel Papier in Empfang genommen. Abends waren wir Offiziere vom Regiment und noch einige von andern Regimentern bei einem Juden versammelt, um den Tag unserer Befreiung zu feiern und überhaupt um einmal recht fröhlich zu sein. Es gab verschiedene Molums worunter ich auch nicht fehlte.

In den heutigen Zeitungen stand, dass die Festung Modlin, Samoiski, Danzig und Stettin über wären. Auch das das russische Hauptquartier in Frankfurt am Main sei.

den 18ten des Nachts ½ 12 Uhr kam der Befehl, dass Schieck den Vormittag 10 Uhr schon in Bialystok sein sollte, weil die 1te Kolonne mit der er geht, in zwei Tagen abmarschiert. – Der Abschied war schwer von Tolky. –

Um 6 Uhr marschierten Schieck und Buschbeck ab, als sie fort waren, bezog ich letzteren sein Quartier

den 20ten mit den jungen Herrn von Tolky nach Bialystok gefahren um Schiecken zu besuchen, letzterer fuhr wieder mit heraus und blieb einige Tage bei uns.

den 21ten von den sich für meinen Freund ausgebenden v.S: sehr gekränkt worden. - - - - - -

den 24ten von heute früh bis den 26ten Nachmittags in Klebanow gewesen

den 26ten heut Nachmittag nach Tryczowka gekommen um von den Herrn von Fabatzky Abschied zu nehmen. Abends nach Koczany gefahren, wieder zurück und in Tryszowka geschlafen

den 27ten früh nach Kolzany in die Kirche gegangen, beim Herrn von Micheilowsky Mittag gegessen, abends zurück nach Tryczowka gegangen und daselbst geschlafen

den 28ten früh nach Woyszkach zum Herrn Postmeister von Makaciewicz gegangen, die Nacht daselbst dageblieben. Er hat zwei Schwestern, eine ist verrückt, die andere ein Kokette namens Kristina, grund häßlich.

den 29ten wieder zurück nach Tryczowka und den Nachmittag wieder nach Kotori gefahren

den 30ten mit dem jungen Herrn von Tolky nach Bialystok gefahren

den 31ten in Olufky gewesen um den Abschied zu nehmen, mit den Herrn v.Dirsibitzky mit die Pelze getauscht, ich gab eine Binde und 2 ½ Rubel zu. Hernach fuhr ich nach Klebanow um mir dort von den Fräulein Amiela Mariewskowna einen Tabaksbeutel zum Andenken zu holen und um zugleich Abschied zu nehmen. Die ältere Schwester heißt Barbara, die jüngere Antonia und der kleine Bruder Ignatius.

In Klebanow lag Bruder Max mit dem Herrn Major v.Bevilaqua vom Regiment zusammen im Quartier.

Januar 1814

den 1ˢᵗᵉⁿ um Zurückgabe meines Pelzes, des Geldes und der Binde an den Herrn v.Disibitzky geschrieben, weil der Pelz von ihm nichts taugt und erhielt ihn auch zurück.

den 5ᵗᵉⁿ Ordre zum Marsch nach Bialystok erhalten

den 6ᵗᵉⁿ in Bialystok eingerückt. Von dem Biertrinken beim Bürgermeister ungeheure Kopfschmerzen bekommen.

den 7ᵗᵉⁿ Abmarsch aus der Gefangenschaft und Rückmarsch nach Sachsen

Vormittag 12 Uhr Bialystok verlassen, als wir noch ½ Stunde von Kmischin waren kam Feuer aus einem Hause wo man Malz dörrt. Weil in der Stadt alles voller Russen war, so kamen wir noch eine gute Stunde hinter der Stadt nach dem Dorfe Sastoze bei einem Bauern mit meinem Bruder und dem Fahnjunker v.Klass ins Quartier, welches recht leidlich war.

NB.: Den Fahnjunker v.Klass zweimal vom Schlitten verloren.

den 8ᵗᵉⁿ waren wir so glücklich die Grenzen von Rußland zu verlassen. Die Narew passiert und um ½ 2 Uhr nach

Tikotschyn mit dem Junker bei einem Juden ins Quartier gekommen.

Abends kam Schwarzbachen sein Wirten aus Bialystok und brachte seine Pferde nach.

den 9ten Abends gegen 7 Uhr nach dem Dorf Calenzyn mit dem Bruder und v.Klass bei einem Schlachtschützen ins Quartier gekommen, der Marsch war wegen der vielen Berge die wir passierten sehr beschwerlich. Die Kolonne wurde in 4 Dörfer verlegt weil Menzerin nur 8 Häuser hatte.

den 10ten nach Lomza, mit Klass bei einem Juden ins Quartier gekommen, hier war eine verfluchte Rasse von Menschen.

Einen sehr schlechten Marsch gehabt wegen der vielen Berge.

den 11ten Rasttag, sehr schlecht Wetter. Sollte ich jemals wieder in diese Stadt oder Gegend kommen, so sei Gott meinen Wirten gnädig --- +.+.+. Hier wurde mir meine Stahl gestohlen.

Abends wurde ich zum Quartiermachen kommandiert.

Am 10ten bekam mein mittelster Finger an der linken Hand einen kleinen Frost.

den 12ten sollten wir nach Miostkowo kommen, kamen aber, weil dort nur 8 Häuser zu belegen waren und auch diese schon von Kosaken-Ordonnanzen belegt waren, in die 3 Dörfer Luby, Certany und Coretsky Borowe zu liegen, alle Offiziere lagen in Luby. Ein ganz abscheulich schlechter Weg und Marsch; mit Klass.

den 13ten nach Ostrolenka; unterwegs einen sehr starken Luchs gesehen. Den Herrn Platzkommandanten hierselbst ein Schwein genannt, er war ein Fähnrich, ob er es verstanden oder nicht, weiß ich nicht.

Mit Klass bei einem Juden gelegen welcher sehr schönen Bernsteinschatz an hatte.

Abends noch voraus gegangen um Quartier zu machen. Allein, weil weder mein noch den Korporal Neumann sein Fuhrmann den Weg wussten, so irrten wir gegen 3 ½ Stunden in einem großen Wald herum, bis wir endlich an ein Dorf kamen, wo wir die Nacht über bei einem Juden blieben.

Unterwegs viele Wölfe gesehen.

den 14ten setzten wir unsern Weg nach Razan fort, allein wir verirrten uns auch hier wieder. Endlich kamen wir an ein Dorf von dem ich mir einen Boten geben ließ, der uns bis auf die große Straße brachte. Wir kamen endlich glücklich in Rozan an. Hier konnten wir aber nicht bleiben, sondern bekamen die 3 Dörfer Salasche, Sabady und Pirschanowa, in des ersteren blieb ich und alle übrigen Offiziers. Hier gab es sehr hübsche Mädchen; mit Klass.

den 15ten nach Bultusck, durch das Dorf gezogen, wo wir am 27ten Juni 1812 übernachteten und einen sehr schlechten und weiten Marsch hatten.

In Bultusck sehr schlecht Quartier gehabt

den 16ten Rasttag; geschworen mich an dieser Rasse von Menschen zu rächen, wenn wir wieder einmal hinkommen sollten.

Von hier aus ging Linsing wieder Quartier machen.

den 17ten sollten wir nach Strokotschyn ins Quartier kommen, kam aber auf das Dorf .... ins Quartier zu einem Schlachtschütz. Die Tochter des Wirts sprach diesen Abend kein Deutsch, aber den anderen Morgen so gut wie ich. –

Den Abend als ich ins Quartier kam, ging unser Fuhrmann fort und ließ Schlitten und Geschirr im Stich.

den 18ten früh kamen wir nach Nowa Miesta; wo wir Mittag machten. Hier verlor ich mein Messer und Schnupftuch. Des Abends um 5 Uhr kamen wir nach Plonsk ins Quartier zu recht hübschen Juden

den 19ten Rasttag

den 20ten sollten wir nach Kura, welches ein Dorf ist, kommen, ich kam aber nach Prumirschik auch ein Dorf. Mit meinem Bruder und den Major von Schroeder bei einem Edelmann, von welchen ich einen Hühnerhund Namens Berla geschenkt bekam. Der Edelmann hieß von Kusaczewski.

den 21ten kamen wir nicht nach Zalkowa, sondern auf das Dorf ..... .

Elterlein, Tettenborn, Capitain von Gersdorff und Prem.Leutn. Hille hatten hier im Quartier gelegen; bei einem Edelmann mit Klass.

den 22ten durch Plotz marschiert, die Weichsel passiert und in das Dorf Poplaczyn zum Richter, mit Klass im Quartier gelegen.

Merkwürdige Fahrt den Berg an der Weichsel hinunter mit einem Schlitten ohne Deichsel

den 23ten Rastag, nach Plotz gegangen. Beim Kosaken-Major und Regiments-Chirurgus Georgi gespeist

den 24ten weigerte sich der Richter meines Dorfes die nötigen Fuhren zu geben, und darauf gab ihm der Korporal Schnabel ein paar Hiebe mit dem Stock. Hierauf ließ der Schulze die ganze Dorfschaft zusammen kommen und hetzte die Bauern gegen uns auf. Mein Detachement von 110 Mann, mit Knüppeln wohl versehen, hatte ich zum Unglück vorher schon abmarschieren lassen. Wäre dies nicht gewesen, so hätte schwerlich ein Bauer den Mund aufgesperrt, so aber hatten sie gegen mir und die 9 Mann, welche ich zurück behalten, die Übermacht, was ich hernach auch nur zu sehr fühlte, denn nunmehr gaben sie garkeinen Wagen, und verklagten mich noch obendrein beim Kommandanten von Plotzk.

Zum Glück war das ein sehr rechtschaffener und vernünftiger Mann. Nachdem ich ihm nun ganz reinen Wein eingeschenkt hatte, so ließ er den Schulzen vor sich kommen und sagte ihm die Wahrheit recht ordentlich, weil er seinen Befehl, uns Wagen zu geben, nicht befolgt hatte.

Ich bekam eine neue Anweisung auf einen Wagen für mich, und ging auf mein Dorf, doch machten die Widerspenstigen auch jetzt noch Umstände mir eine Fuhre zu geben. Ich drohte ihn aber, noch einmal nach Plotzk zu gehen und Exekution mitzubringen. Dies wirkte und ich bekam meine Podrovde. In dem Dorfe Starrsune, eine Kolonie, bekam ich eine andere Fuhre, in dem Dorfe Mokrochi die zweite, ebenfalls eine Kolonie. Nun fuhr ich nach Lutschyn (bei Kostyn). In diesem Dorfe war ein deutscher Edelmann Namens Köhler. Er hatte eine schöne junge Frau. Diesen bat ich, mich die Nacht bei sich zu behalten, dass tat er denn auch mit dem größten Vergnügen wie es schien. An diesen Tag will ich eine Zeit lang gedenken. –

den 25ten Kostyn passiert, nach Lanienka gekommen, von da nach Imely gefahren, mich beim Herrn Major von Schlieben gemeldet, so dann in mein Quartier nach Sviecyny glücklich angekommen; mit meinem Bruder

den 26ten in Wilhelmstal, ein Dorf eine ½ Stunde vor Dombrowizy bei einem Ölmüller ein sehr gut Quartier gehabt.

den 27ten Dombrowizy passiert, durch Glodawa gegangen und eine Stunde hinter der Stadt nach Pirschwina zum Herrn von Gutczynski ins Quartier gekommen; sehr gut Quartier

den 28ten Rasttag

den 29ten in Grzegorczow bei einem Viehhändler Quartier gehabt.

den 30ten ehe wir das Städtchen Kola passierten gingen wir über die Wartha, gingen von da durch Proczewo und kam mit dem Herrn Baron von Linsingen nach Wola zu einem reichen Edelmann; sehr schöne Mädchen. –

den 31ten fuhr mich der Wirtssohn selbst nach Turk – kamen nach 3 Stunden an, weiter auf das Dorf Scapaschyn zu einem Edelmann, welcher aber in

Warschau war. Liederliches Gebäude; mit meinem Bruder.

Februar 1814

den 1sten das Dorf Zekow passiert, von da nach einer ½ Stunde nach mein Quartier nach Gostynge. Bei einem deutschen Edelmann Namens Erndt ein ganz vortreffliches Quartier gehabt. Sehr gute Menschen; mit v.Klass, ich sollte durchaus Rasttag halten.

den 2ten eine und eine halbe Stunde vor Kalisch nach Dembe in Quartier gekommen, verdammte Wirtsleute in Kalisch gewesen

den 3ten Rasttag, in Kalisch gewesen, vorher nach Roschalle gegangen um mein Bruder zu besuchen, war aber in Kalisch

den 4ten durch Kalisch gegangen und nach Ostrowa bei einem deutschen Kupferschmied ins Quartier gekommen; gute Leute und gut Quartier

den 5ten in Salmiachitz bei einem Polen gelegen. Endlich sind wir nicht mehr als ¼ Stunde von der deutschen Grenze. Heute sollte ich eigentlich zum Besenbinder ins Quartier kommen, legte mich aber in mein Bruder seins und mein Bruder in Schlieben seins und der Fahnjunker v.Klass zum Besenbinder. Schlieben hält heute Rasttag in Ostrowa

den 6ten Polen früh 9 Uhr verlassen und Schlesien betreten – wohltätige Gefühle dabei!

Punkt 9 Uhr die schlesische Grenze passiert, über die Partzsch und durch Militzsch gegangen und eine Meile dahinter nach Schwedawe bei den Herrn Gutsbesitzer Hübner ins Quartier gekommen.

den 7ten Rasttag. In Schawendlin beim Herrn Oberamtmann wo Schwarzbach und Linsingen lagen zu Besuch gewesen.

den 8ten eine Stunde vor Trachenberg auf das Dorf Lutzize, welches dem Fürsten Hatzfeld gehört und von einem ganz charmanten Herrn Oberamtmann Lanikisky verwaltet wird; einen Hasen geschossen. Des Abends und weiter des Nachts auf den Anstand. Des Morgens einen angeschossen.

den 9ten nach Winzig zum Herrn Senator Gärtchen ins Quartier gekommen.

den 10ten ging der Herr Major von Schlieben voraus. Einige Arme der Oder passiert und vor der Stadt Steinau liegt ein Dorf, welches ganz an der Stadt anfängt. Vor diesem passierten wir über den Hauptstrom der Oder.

Ich und noch 35 Mann kamen ebenfalls in ein solches Dorf, Geisendorf genannt, welches so nahe an der Stadt Steinau liegt zum Herrn Fabich ins Quartier. Des Abends ging ich zu meines Bruders Wirt, dem Herrn Kaufmann Nachtigall; umsorgt, gastfreie Leute.

den 11ten Rasttag. Ltn. v.Schwarzbach und Fahnjunker v.Klass gingen nach Sachsen voraus. Von heute an muss ich an die Stelle des Ltn. Schwarzbach den Dienst eines Adjutanten verrichten.

den 12ten bei Lübben nach Glattmitz, bei dem Freibauern Scobel gelegen.

den 13ten Lübben und Haynau passiert und nach Woitsdorff zu einen Edelmann ins Quartier gekommen; leidlich mit meinen Bruder seine Windhunde gehetzt.

den 14ten nach Bunzlau gekommen und beim Herrn Rektor Engermann gelegen; schöne Frau.

den 15ten Rasttag; den Herrn Major von der Marck und Herrn v.Schweinitz kennen gelernt; gehetzt und in den Herrenhütlichen Städtchen gewesen.

den 16ten wieder die sächsische Grenze betreten!

Hinter Bunzlau den Bober und an der Grenze des Vaterlandes das Städtchen Naumburg und hinter dieser den Queiss passiert. Eine Stunde vor Lauban nach Haugsdorf ins Quartier gekommen. Nach der Einrückung gleich nach Lauban gefahren, wo ich den Vetter von Uechtritz kennenlernte.

den 17ten über Waldau durch die Vorstadt von Görlitz gegangen und nach Moys ins Quartier gekommen, gut; gehetzt!

den 18ten in Görlitz beim Apotheker Hoffmann Mittag gegessen und dann nach Prosenhain vor Löbau ins Quartier gekommen, zuvor die Neisse passiert; gut Quartier, früh +++

den 19ten nach Bautzen gekommen und beim Herrn Kaufmann Richter auf dem Kornmarkt im Quartier gelegen.

den 20ten Rasttag; meine Herrn Vetters, die beiden Hoffmanns aus Spremberg gesehen und gesprochen; gut Quartier.

den 21ten Bischofswerda, welches zum Teil schon wieder aufgebaut war und Stolpen passiert. Eine Stunde hinter letzteres in das Dorf Wilschdorf beim Schankwirt im Quartier gelegen ++++

den 22ten gegen Mittag in Dresden angekommen; beim Herrn Götz, Wirt des Hotel de Russie, mit meinem Bruder Max. Auch den Bruder Otto wiedergesehen. Vom General von Mellentin meine Anstellung erhalten, nämlich wurde ich beim Depot des 2ten provisorischen Linien Infanterie Regiments angestellt, welches der Herr Major von Krafft befehligt.

Von heute bis die letzte Minute meines Hierseins habe ich so viel Laufen müssen, dass ich mich wundere meine Füße nicht einem Dachse gleich abgelaufen zu haben.

Der Onkel von Preuss war inzwischen gestorben.

Meinen Lange abgedient und Köhlern dafür angenommen

den 26ten hörten wir, wir würden unsere Standquartiere verändern und zwar sollte das Depot vom 1sten prov. Regiment auf den Königstein, das vom 2ten nach Zittau und das vom 3ten prov. Linien Regiment nach Oschatz verlegt werden.

den 28ten erhielten wir Befehl, dass wir den 1sten März abmarschieren sollten und wir sollten nach Zittau kommen.

März 1814

den 1sten in Weikersdorf, 2 Stunden hinter Stolpen Nachtquartier gehabt

den 2ten in Bautzen abermals beim Herrn Kaufmann Richter im Quartier gelegen

den 3ten nach Löbau gekommen und beim Herrn Pastor gelegen, gut.

den 4ten in der uns so gepriesenen Stadt Zittau angekommen, und bekam mein Billet zum Herrn Inspektor Köhler /: charmante Leute :/

den 15ten beim Herrn Hauptmann v.Brochowsky in Bernstadt zum Besuch mit Herrn May Meier gewesen

den ??^{ten} Sontags rückte das 3te Oberlausitzsche Landwehr Bataillon unter Kommando des Herrn Hauptmann von Brochowsky hier in Zittau als Garnison ein

den ??^{ten} am Montag übernahm ich die Adjutanten Funktion beim Landwehr Bataillon während des Urlaubs des Herrn Prem.Ltn. von Gersdorff und half von selbigen Tage an mit Rekruten exerzieren.

den 20ten war ich in Reichenau bei Zittau bei dem Herrn Krusch zu Besuch mit dem Ltn. von Waynhardt vom Landwehr Bataillon.

Auf dem Heimweg wurde Brüderschaft gesoffen. -- --

den 21ten gestern hatte ich dem Champagner, Würzburger, Burgunder und Rheinwein Gläschen bei Herrn Kruschen so gut zugetrunken, dass ich heute wegen ungeheuren Kopfschmerzen noch nicht mit zum Exerzieren konnte.

Auf den Ball bei Herrn Baumgart in der goldenen Sonne gewesen. Der Kommandant, ein russischer Fürst Chawarsky war sehr lustig, vermöge dessen, weil er den Gläschen gut zutrank. Der Kommandant, ein Verwandter vom Fürsten Repnin.

April 1814

den 1sten ward ich ausquartiert und kam angestelltermaßen zum Herrn Kämmerei Kassierer Plehn ins Quartier p.p. – Doch verlor so ich mein Quartier erst Sonntags den 3ten diesen Monats.

den 8ten das gute Zittau verlassen, in Löbau Mittag gemacht, als ich abreiste kam mir unterm Tore mein Thyras weg. Ich ging nach Bautzen, woselbst ich noch zu guter Zeit ankam, ich ward bei der Frau Advokat Pfennigwerth einquartiert, es waren sehr freundliche Leute. Des Abends ward ich zu ihrem Schwiegersohn zur Kindtaufe eingeladen. Ich ging und lernte sehr schöne Mädchen kennen, von welchen mehrere vorher zu mir kamen und mir sagten, ich mögte doch ja kommen – früh um 2 Uhr ging ich zu Hause.

den 9ten über Bischofswerda und Stolpen, wo ich beim Herrn Advokat Richter über Mittag war. Hier hatte Otto im Quartier gelegen als er von Modlin gekommen. Ich setzte meinen Marsch als ich gespeist nach Dresden weiter fort, um ¾ 9 Uhr kam ich an, meldete mich bei dem Herrn Major von Sichardt

den 10ten tat ich am gleichen Tage beim General von Vieth p.p. und bekam bei selbigen meine Anstellung beim 2ten Niederlausitzschen Landwehr Bataillon als Prem.Leutnant

den 11ten fuhr ich mit meinem Wirt Herrn Götze spazieren

den 12ten fuhr ich mit der Frau Hauptmann von Larisch nebst Töchtern nach Pirna zum General v.Larisch wo ich Carl von Larisch traf.

Die übrigen Tage brachte ich mit den hin und her laufen wegen meiner Equipage zu.

<u>NB:</u> Ich lernte hier in mein Quartier Badnischen Capitain und einen Prem.Ltn. von der reitenden Artillerie kennen, welches ganz ehrenhafte Leute sind. Ersterer heißt Kiefer und letzterer Entertin, dieser war ein schöner und lustiger Mann.

den 20ten Dresden verlassen und auf den Marsch nach Meißen in und bei Mobschatz gewesen und meine Bekannten besucht. Dann mit dem Chirurgus Drobeck den Marsch weiter fortgesetzt und gegen Abend in Meißen angekommen und bei dem Kaufmann Böthger mit dem Chir. Drobeck im Quartier gelegen.

den 21ten in Oschatz bei der Kaufmann Witwe Lochmann ein sehr gut Quartier gehabt. Den Besitzer von der Mahle und den Ltn. Hahn von der Artillerie gesprochen

den 22ten erwischte uns auf dem Marsch ein derber Regen, ich kam in Wurzen zum Horndrechsler Pippig ins Quartier

den 23ten in Leipzig angekommen und mit dem Chirurgus Drobeck bei Herrn Richter, den der Garten gehört, wo gleich da hinten der Fürst Ponaitowski in der Elster ertrank und der größte Teil der Retirade durchging.

den 24ten Rasttag. Früh nach Connewitz zum Oberförster Koch gegangen. Hier ließ ich meinen Pelz zurück.

NB: mein schöner Klaserkopf mit Meerschaum ward mir gestohlen.

den 25ten Leipzig verlassen, in Weißenfels Mittag gemacht, andere Pferde und Wagen geben lassen und noch nach Naumburg gefahren, woselbst ich spät abends ankam

den 26ten in Eckartsberga Mittag gemacht und dann weiter nach Cölleda gefahren.

Vor hier aus konnten wir vermöge eines Befehls vom General v.Wittgenstein unseren Marsch nicht weiter fortsetzen. Nach beinahe 3 Wochen erhielten wir wieder die Erlaubnis zur Armee abgehen zu können. Ich kann nicht leugnen, dass ich mich hier während meines Aufenthalts sehr oft recht wohl befunden und ganz vergnügt gewesen bin. Unter andern waren da die vorzüglichsten Leute wo ich gern war den Herrn von Sperling und den dasigen Platz-Kommandant Herrn Rittmeister von Buchholz. Dem Herrn Kaufmann Beylig, welches mein Wirt war und der ewig launige Doktor Leidenfrost. Ich setzte meinen Marsch mit dem Leutnant Schnorr, der sich ebenfalls in Cölleda aufhalten musste und den ich hier antraf fort

Mai 1814

den 9ten nach Weißensee einen anderen Wagen geben lassen und nach Tennstädt gekommen, woselbst Mittag gemacht. – In Tennstädt aus dem Bade und zwar aus der Schwefelquelle getrunken.

den 10ten in Langensalza angekommen und beim Herrn Kaufmann Auerbach Quartier gehabt

den 11ten einen schändlichen Weg nach Eisenach gehabt, schlecht Weg und Wetter; Nachtquartier mit Schnorr und Drobeck in ein Gasthaus; die Wartburg besehen

den 12ten nach Berg gekommen, woselbst ich um ein Quartier über Mittag bat und noch um andere Vorspann. Darüber war der Oberschulze so grob und unartig gegen mich, dass ich ihn und die ganzen übrigen Ratsherren Lümmels und Flegel nannte. Wenn ich nicht gleich wenigsten Quartier bekommen hätte, denn den Säbel hatte ich schon in der Faust, die ganzen juhoden Ratsherren zur Türe raus geprügelt haben würde. Ein kgl. Preuß. Capitain war zugegen als ich den Lümmels dieses heilig und gewiss versprach.

Vorspann konnte ich nicht erhalten, darüber gab mich auch sehr gern zufrieden und trat meinen Marsch nach Hirschfelde an. Eine halbe Stunde begegneten wir ein Bataillon Landwehr wo Schwarzbach dabei war, bei dem zweiten war Tod dabei. Endlich kommen wir nach Hirschfels, ließen uns Quartier geben und meldeten uns dann beim Herrn General v.Bose, den andern Morgen beim Herrn Major von Köckritz /: aus Siewisch :/

den 13ᵗᵉⁿ nachdem ich mich beim Herrn Major von Köckritz gemeldet wurde der Prem.Ltn. Schnorr bei der 1ˢᵗᵉⁿ Kompanie angestellt und ich bei der 4ᵗᵉⁿ, welche der Herr Hauptmann von Brandenstein kommandierte, angestellt. Eine halbe Stunde darauf ging es zum Exerzieren. Es fehlte nicht viel, so schickte der Major den Capitain hinter die Front und ich sollte die Kompanie kommandieren.

den 14ᵗᵉⁿ marschierten wir nach Bergk, kam hinter Bergk mit einem Detachement und dem Herrn Regiments-Chirurg Findeisen zum Doktor Schumann in Breitenbachs Haus

den 15ᵗᵉⁿ durch Eisenach passiert und nach Beurenfeld zu einem Bauern ins Quartier gekommen +

den 16ᵗᵉⁿ gingen wir vor Langensalza vorbei und kamen hinter Langensalza nach das Dorf Neunheiligen bei den Herrn Jägern wo mein Bruder Wilhelm anno 1809 in Quartier gelegen hatte, welchen man hier immer noch sehr liebte und sie als sie hörten ich sein auch ein Dallwitz der fröhlich mit ihm verbrachten Stunden zurück erinnerten. Ich hatte daher mit dem Capitain und Ltn. Uschner ein sehr gut Quartier

den 17ᵗᵉⁿ Rasttag; früh mit der Kompanie exerziert, die übrige Zeit widmete ich der Gesellschaft, nämlich den schönen Töchtern des Herrn Jäger.

den 18ᵗᵉⁿ nach Kunzleben, ebenfalls ein Dorf bei einem Gutsbesitzer, einen sehr artiger Mann im Quartier gelegen /: mit Capitain v.B. und Ltn. U. :/

den 19ᵗᵉⁿ mit dem Stab nach Weißensee gekommen, ich lag beim Herrn Hofrat Kirsten

den 20ᵗᵉⁿ nach Orlishausen bei Cölleda mit Capit. v.B. bei einem Bauern ein schlecht Quatier gehabt

den 21ᵗᵉⁿ Rasttag; mit Enselinchen in Cölleda bei Herrn Beylig und Abends beim Doktor Leidenfost gewesen.

den 22ᵗᵉⁿ bei Cölleda Rendezvous gehabt, den Doktor Leitenfrost mit einer Bouteille noch einmal heimgesucht und nach dem Dorf Kahlwinkel mit dem Capitain zu einem Bauern ins Quartier gekommen. +++

den 23ᵗᵉⁿ mit dem Capitain v.Brandenstein nach Branderode auf ein Gut des Grafen von Schulenburg in Quartier gelegen, der Verwalter ein charmanter Mann

den 24ᵗᵉⁿ bei einen verrückten Grafen von Bünau auf Domsen bei Weißenfels, mit Capitain

den 25ᵗᵉⁿ nach Leipzig mit Capitain bei einer Kaufmanns Witwe recht gutes Quartier gehabt + +

den 26ᵗᵉⁿ Rasttag; in Connewitz gewesen, mit den Badnischen Capitain Kiefer den ich in Leipzig traf meinen Pelz wieder abgeholt.

den 27ᵗᵉⁿ nach Wurzen mit den Stab und der 3ᵗᵉⁿ Kompanie ins Quartier gekommen.

den 28ᵗᵉⁿ Hubertusburg passiert, den guten Regiments Chirurgus Georgi angetroffen und mit den tüchtig gezecht.

Dann ins Quartier nach .... bei Oschatz gefahren. Das Quartier war bei einem Bauern sehr gut, nur schade, dass ich nichts davon genoss – die Kompanie hatte nur 3 Häuser – sehr reiche Bauern

den 29ten durch Meißen gegangen und die Schiffsbrücke passiert, zur Frau von Berlepsch auf Broschwitz in Quartier gelegen. Mein Capitain war hier so unverschämt quartierte sich ohne Umstände mit bei mir ein. - . - . - .

den 30ten in Schmorkau bei Königsbrück auf dem Gute gelegen

den 31ten nach Hoyerswerda. Hier fingen wir an zu beurlauben. Die Fräulein Dallwitz ward heimgesucht, viel Spektakel gemacht.

Juni 1814

den 1sten rückten wir endlich in Spremberg ein, ich aber kam mit der Kompanie auf die Dörfer Roitz und Strausbach, ich lag in Roitz. Hier ward alles beurlaubt bis auf einige Mann.

den 2ten rückten alle Kompanien in Spremberg ein. Auf dem Schießhause ward gegessen und getanzt. Ich war den Herrn Major v.Köckritz sein Gast, tanzte aber nicht.

Einige Tage darauf war wieder ein Schmaus, wozu sämtliche Herrn Offiziers eingeladen waren. Hier ging es ganz toll zu!!!

Nachdem ich die Rechnungen und Listen der 4ten Kompanie übergeben, ritt ich mit den Herrn Major von Köckritz in Gesellschaft nach Jeserigk zu Herrn vom Oertzen. 7 Tage war ich hier, als mir der Herr Major von Köckritz in der Sozietät zu Drebien eine Ordre überbrachte, dass ich als Etappen-Kommandant nach Pförten während der Durchmärsche des russischen Armee-Korps kommandiert sei.

Den Tag hernach holte mich der Herr Major von Köckritz in Jeserigk ab und wie fuhren zusammen nach Spremberg.

Den letzten Tag als ich in Jeserigk war verlebte ich in Gesellschaft der beiden Herrn von Diepow und den Fräulein Minchen von Diepow und Frau von Oertzen sehr lustig. Aber desto trauriger war der Abschied von diesen guten Menschen.

In Pförten war ich bei dem Herrn Grafen von Brühl sehr artig aufgenommen. Mein Quartier hatte ich bei dem Herrn Forst-Inspektor Knauth. Er war ein guter, ehrlicher, rechtschaffener Mann. Sie ist eine geborene Fräulein von Elterlein, ebenfalls eine gute Frau. Zu ihren Geburtstag wurden wir auf das Gut des Herrn von Elterlein, ihren Herrn Vater, zu besuchen. Diese Reise bekam mir aber schlecht, denn es ward mir so übel, dass ich mich nach Tische übergeben musste. Das kam daher weil mein Magen schon seit langer Zeit verdorben war und ich mehrere Speisen gar nicht genießen konnte. In einer Stunde darauf machten wir uns wieder auf nach Pförten zu fahren. Ich sollte fahren, aber ich ließ es mit nicht nehmen, ich ritt lieber auf meinen Fuchs.

Auf dem Gut des Herrn von Elterlein hatten wir getrunken aber jetzt gings ans Saufen; der Sohn des Herrn v.Elterlein war mit herein gefahren und leistete uns Gesellschaft im Trinken, auch wurden noch mehrere angesehene Herren aus der Stadt dazu eingeladen. Und der Capitain von Lindenau aus Polzen bei Herzberg logierte mit in den Hause, wo ich wohnte und war täglicher Gesellschafter bei uns, also fehlte er auch hier nicht.

Vom Herrn Grafen von Brühl hatte ich mir 50 Taler geborgt um mir ein Pferd zu kaufen. Einige Tage darauf kamen einige Regimenter Kosaken durch und ich kaufte mir einen recht hübschen Kosaken Fuchs, musste aber freilich noch 40 Taler zu die 50 zu legen, dafür hatte ich aber auch ein hübsches Pferd.

In Oegeln beim Herrn von Lindenau war ich und machte meine Aufwartung.

In Guben war ich auch und besuchte den Pächter Freund und den Herrn Krüger auf den Stadthof und den Uhrmacher Klein.

Auch machte ich dem Herrn Rittmeister von Seebach so bei Pförten ein Gut hat meine Visite.

Während diesen 5 Wochen als ich mit Pförten mich herum plagte machte ich zum Geburtstage des Herrn und der Frau von Oertzen und meinem Geburtstag, welche alle 3 den 2ten Juli sind einen Abstecher nach Jeserigk.

Fünf Wochen war ich in Pförten und plagte mich, ich hätte des Teufels werden mögen Tag und Nacht. Und hatte weiter nichts als frei Quartier und meine sehr gute Verpflegung – aber weiter auch gar nichts. – Ich hielt um meine Auslösung an, die doch jeder andere Etappen Kommandant bekommt. - - Aber so geht es wo ein russischer Kommandant war da war auch Auslösung –

Und viele von den sächsischen Kommandanten bekamen nichts, und mussten sich Tag und Nacht mit den pöbelhaften russischen Gesindel herum zanken und beißen.

Ich ging nachdem ich mein Kommando verlassen und nur 1 Unteroffizier, 1 Tambour und 12 Mann zurück gelassen nach Spremberg. Hier übergab ich die Löhnungslisten an die Wirtschafts-Kommission des Bataillons. Während der letzten Tage als in Pförten war, war die Anstellung sämtlicher Offiziere so noch aktiv im Bataillon waren, oder provisorisch dabei standen. Mich traf es laut der Anstellungs Ordre wieder zum Depot des 2ten prov. Linien Infanterie Regiments, welches aber wie es sich nach 3 Monat fand, ein Irrtum war, freilich aber war ich derjenige der den Schaden davon trug. Denn wie ich mich equipiert hatte, so erfuhr ich, dass ich zur leichten Infanterie versetzt sei.

Ich war jetzt ganz außer alle Tätigkeit gesetzt und wusste nichts besseres zu tun als nach Jeserigk auf Urlaub zu gehen, weshalb ich auch sogleich an den Herrn Major von Kraft nach Zittau schrieb und ihn um einige Monat Urlaub bat. Ich erhielt aber von dem Herrn Hauptmann von Unruh, welcher in Abwesenheit des Herrn Major von Kraft das Depot kommandierte zur Antwort: Es sei bis jetzt dem Depot noch nicht bekannt gemacht worden, dass ich abermals dahin versetzt worden. – Ich wiederholte mein Schreiben noch zweimal, und bat man möchte mich doch, wenn sie erführen wohin ich sonst versetzt sei, davon benachrichtigen – und nach 2 Monat hatte ich Antwort von dem Herrn Major von Kraft er hätte gehört ich sei zur leichten Infanterie versetzt und ich möchte daher nach Dresden kommen und mich melden.

Während der Zeit als ich auf Urlaub war ohne eigentlich welchen zu haben, befand ich mich in Jeserigk recht sehr wohl. Machte eine Reise zu Pferde nach Luckau zum Bruder Wilhelm. Später eine Reise in Gesellschaft meiner Mutter, beiden Schwestern, Moritzen und den Schwager Friedenreich und den Herrn von Lattorff nach Lieberose, wohnte einigen Jagden und einer Haupt-Fischerei mit bei. Und nach 3 Wochen ritt ich in Gesellschaft meines Bruders Moritz und den Herrn Amtsverweser Greser nach Cottbus auf den Markt. Von da ritt ich nach Jeserigk und die nach Lieberose zurück.

In Jeserigk hatte ich vor dieser Reise einen freudigen Augenblick. Nämlich ich erhielt ein Billet von der Frau von Maschnitz aus Rackow, worin denn stand: ich möchte mich gleich aufmachen und nach Winddorf reiten, indem entweder schon gestern oder doch gewiss heute früh meine Mutter meine Schwestern und Bruder und Schwager dort hätten eintreffen wollen. Kaum hatte ich das gelesen so lief ich halb angezogen in den Stall sattelte mir meinen Fuchs, band ihn an die Haustür an zog mich vollends an sagte der Frau von Oertzen was geschehen sei und Juchte! Haste lange nicht gesehen, gings im Galopp und Trab nach Winddorf, wo ich denn meine Mutter seit 11 Jahren wieder einmal sah. Die Schwester Caroline die ich noch im Leben nicht gesehen hatte lernte ich kennen. Und so fuhren wir den Tag darauf nach Lieberose von wo aus ich mit der Schwester Caroline nach Pommern nach Naulin reisen wollte, konnte aber nicht, weil ich doch eigentlich keinen Urlaub hatte, versprach aber, sobald ich Urlaub hätte auch zu kommen, welches aber nicht geschah weil ich keinen Urlaub erhielt. - - -

Kurze Zeit hernach hörte ich, dass 3te provisorische Regiment sei in Spremberg und Hoyerswerda als Garnison eingerückt. Ich reite also nach Heinrichsfeld bei Spremberg wo die Offiziers immer zusammenkommen sollten.

Hier traf ich den Bruder Fritz und den Ltn. v.Zeschau so sonst beim Regiment König stand. Diese fragten, was willst du in der Uniform des 2ten provis. Regiments, du bist ja zur leichten Infanterie versetzt. Und die bestätigte sich auch, denn Fritz schickte mir die Abschrift der Ordre wegen meiner Anstellung bei der leichten Infanterie. –

Einige Tage später ritt ich nach Hoyerswerda zum Bruder Otto mit welchen ich zwei Tage hernach eine Reise per Etappe nach Luckau machte um den Herrn Postmeister heimzusuchen. Mein Fuchs ward an die Handpferde gebunden und so kamen wir Abends ½ 10 Uhr vom Hoyerswerda in Luckau an. Hier blieben wir einige Tage, dann ging die Reise über Lübben nach Lieberose. Bis Lübben begleitete uns der Bruder Wilhelm, von wo aus er uns mit Extrapost nach Lieberose fahren ließ, und kamen gegen 5 bis 6 Uhr des Nachmittags allhier an, wo wir ebenfalls nur 2 höchstens 3 Tage verweilen wollten; allein da half kein protestieren und appellieren, wir mussten einen Ball mit abwarten, der an den Tagen der Siegfeier von der Schlacht von Leipzig sein sollte und auch war. Otto hatte noch um Urlaub geschrieben und so wurden aus 3 gegen 11 oder gar 12 lustige Tage in Lieberose bei v.Schulenburg verlebt. –

Von hier nahmen wir unsern Weg über Winddorf, wo wir nur 1 Nacht blieben und sodann nach Jeserigk fuhren. – Hier fand ich einen Brief vom Major v.Kraft, worin stand er hätte gehört ich sei wie schon erwähnt zur leichten Infanterie versetzt.

Zwei volle Tage blieben wir hier und den dritten Tag reiste ich per Etappe mit Otto nach Hoyerswerda. Den Tag darauf ward ich per Etappe nach Königsbrück und von da sogleich nach Dresden. Mein Quartier nahm ich den ersten Tag im Hotel de Russie bei Herrn Götz. Mein Pferd behielt Bruder Otto in Hoyerswerda und kaufte es später.

Ich meldete mich beim Herrn General Major von Mellentin. Man sah sogleich in die Ordre-Bücher nach, fand aber die Ordre wegen meiner Anstellung nicht. Ich ging in das Büro des Herrn General Major von Ryssel hier wusste man gar nichts davon, doch endlich wunderte man sich, dass ich noch nicht bei der Armee sei, doch fand man ebenfalls keine Ordre, und ich wusste also immer noch nicht, bei welchen Regiment ich stehe.

Genug ich wurde von hier aus an das Büro des General Major von Vieth gewiesen, und hier fand sich denn auch die Ordre worin stand ich sei zum 1sten leichten Infanterie Regiment gesetzt, und wunderte sich ebenfalls ganz gewaltig, wie es zuging, dass ich noch im Lande und nicht beim Regiment sei. Auch fand es sich, dass es an den Herrn General Major von Mellentin lag, mir eine Contre Ordre zuzustellen, dass ich nicht abermals zum Depot vom 2ten provisorischen Linien-Infanterie Regiment sondern zum 1sten leichten Infanterie Regiment versetzt sei.

NB: der General von Mellentin kommandierte sämtliche Depots der Linien-Infanterie, also bekam ich die Ordre, dass ich zum 2ten Regiment versetzt sei, von ihm. – Folglich hätte er mir auch, wenn er die Ordre von meiner Anstellung zur leichten Infanterie vom General von Vieth erhalten, mir sogleich Contre Ordre stellen sollen, damit ich nicht erst nötig gehabt hätte, mich vergebens zu equipieren. - - - - - -

In Hoyerswerda hatte ich den Bruder Otto mein Pferd zurückgelassen, damit er es gelegentlich verkaufen sollte. - -

Sieben Tage blieb ich in Dresden um mich zu equipieren. Während dieser Zeit war ich zwar recht vergnügt, nur hatte ich nicht viel Zeit um vergnügt zu sein übrig, denn ich musste, weil ich erst als Kurier zur Armee abgehen sollte, mich deshalb sputen und die Handwerker so mit meiner Equipage zu tun hatten zusetzen, damit sie bald damit fertig würden. Doch wie ich fertig war, musste ich einen Montierungstransport zur Armee sichern. Dieser Marsch kam mir sehr ungelegen, denn ich war noch nicht völlig equipiert, musste also natürlich viele Sachen unanprobiert in Koffer und Mantelsack packen ohne zu wissen wie es passt. Und leider hat mir dies viel Schaden getan, denn meine Montierungen passten nicht besonders, wie ich erst nachher bemerkt. –

Gewiss gehört die Zeit als ich in Jeserigk war, zu der schönsten meines Lebens; wie so viele gute Menschen habe ich nicht kennen lernen, wie freundschaftlich war man überall aufgenommen, wie artig und zuvorkommend begegnete man mich und zu jeder Zeit war ich willkommen. Mehrenteils war ich bei Bekannten, weil ich da freundschaftlicher aufgenommen und lieber gesehen war als bei die nahen Verwandten vom M……

Entblößt von Wäsche kam ich nach Jeserigk, aber so wie ich die Hausschwelle betreten hatte, frug man auch wie sieht es mit der Wäsche aus Carl! Schlecht war die Antwort. – Sogleich wurde zu Hemden zugeschnitten, Strümpfe gestrickt. Auch von Hoffmanns aus Spremberg erhielt ich mehrere Paar Socken von die Kusinen.

Von der Baronin von Schöneich bekam ich das letzte Paar Strümpfe, die die ehrwürdige Dame zuletzt gestrickt hatte, ehe sie starb; und ihr letzte Wille war, ich möchte dieses Letzte noch von ihr annehmen. –

Von der Gräfin von Beust erhielt ich mehrere Hemden und verschiedene Paar Socken, doch so dass ich es gar nicht erfahren sollte von wen diese Wäsche war, aber die Zeichen in der Wäsche verrieten es sogleich.

Von den Familien von Muschwitz, was doch meine nächsten Verwandten in der dasigen Gegend sind, erhielt ich zwar auch Wäsche, doch sah man es ihn an, wie schwer es den armen Leuten war zu geben. Auch mussten sich recht gesucht haben, die schlechtesten Hemden hervor zu kriegen, denn sie waren nicht nur geflickt sondern auch zerrissen, und so ging es mit die Strümpfe und ein Schnupftuch das einzige was ich bekam hatte ebenfalls Löcher genug. –

Da lobe ich mir die Familie von Oertzen die mir weniger angehen und es auch nicht so haben zum Weggeben. Ich ward hier freundschaftlich aufgenommen, man bekleidete mich, während den 3 Monate als ich da war bekam ich /: ob sie gleich beinah alles hatten liefern müssen :/ Futter für mein Pferd. Konnte machen was ich wollte, auf die Jagd gehen, in die Dohnen gehen, auf den Anstand gehen und überhaupt von allen anständigen ländlichen Vergnügungen Gebrauch machen und genießen, wann und wo ich wollte.

Bei meinen Major von Köckritz auf Siebisch ward ich alle mal mit Liebe und Freundschaft aufgenommen und empfangen. Dagegen nicht so bei meinen Verwandten von M…, denn diese glaubten, wenn ich käme ich wollte auch allemal was haben, ob mir gleiches nicht einmal in den Sinn gekommen dieses geizige Volk um etwas zu bitten. Freundlicher ward ich bei dem Herrn Landrat empfangen – meinem Onkel von Muschwitz in Geissendorf nämlich.

November 1814

den 2ten erhielt ich von dem Herrn General Major von Ryssel Befehl morgen mit ein Transport nach Koblenz zur Armee abzugehen. Ich hatte 3 Wagen mit Montierungsstücken beladen für die Armee zu transportieren. Mein Kommando bestand aus 8 Mann vom Depot des 2ten provisorischen Linien Infanterie Regiments

den 3ᵗᵉⁿ Mittags gegen ½ 12 Uhr Dresden verlassen, gegen Abend in Meißen angekommen. Gegen 7 Uhr selbigen Abends den Marsch nach Oschatz fortgesetzt und früh 2 Uhr dort angekommen.

den 4ᵗᵉⁿ früh gegen ½ 8 Uhr erst andere Wagen bekommen und des Nachmittags ½ 2 Uhr in Wurzen angekommen. 3 Uhr Wurzen wieder verlassen und nach Leipzig marschiert, wo ich Abend ½ 8 Uhr eintraf. In Auerbachshof bei der Madame Centner ein recht gut Quartier gehabt.

den 5ᵗᵉⁿ früh 7 Uhr von Leipzig wegmarschiert. Auf den Kuhturm bei Kochs ein Frühstück eingenommen. Verschiedene Aufträge an meinen Bruder Max und an den Regiments Quartiermeister Heintze erhalten. Nachmittags 3 Uhr in Weißenfels angekommen, Mittag gemacht und sogleich als umgepackt war nach Naumburg meinen Marsch fortgesetzt, woselbst wir spät des Abends anlangten. Ich kam zum Kirchenvorsteher ins Quartier, wo ich es recht gut hatte. Nach meinen Eintreffen meldete ich mich beim Ltn. Schäffer von der Artillerie welcher einen größeren Transport führte und an ich mich laut Befehl anschließen musste.

Bis den Nachts ½ 2 Uhr bei meinen Wirtsleuten gesessen und uns unterhalten. Fürst Chawansky war als Kommandant von Zittau hierher versetzt.

den 6ᵗᵉⁿ über Eckartsberga nach Buttstädt marschiert, woselbst ich bei einem Fleischer mit den Ober Wundarzt Dietrich in Quartier gelegen.

den 7ᵗᵉⁿ nach Erfurt gekommen. +

den 8ten Rasttag. Der hiesige Preuß. Kommandant ist mir wegen seinen auffallend groben Benehmen merkwürdig. Es war dazu noch ein Herr Obrist. - +

Auf den Marsch nach Erfurt ein preußisches Füsilier Bataillon begegnet, welches wie ich später erfuhr der Major von Dallwitz befehligte.

den 9ten nach Gotha gekommen, unterwegs krank geworden. Bei einem Bäcker mit Dietrich zusammen gelegen. Gut Quartier.

den 10ten in Eisenach bei einen Kaufmann gelegen. Abends bei Madame Herzog mit Schäffer und Staizewski; Karten gespielt.

den 11ten durch Vach gegangen und eine Stunde hinter diesen Städtchen in den Dorfe Seine bei einem Bauern ein schlecht Quartier gehabt. Es lagen hessische Truppen hier in Kantonierung.

den 12ten Rasttag. Die Bekanntschaft von den beiden hier kantonierenden Offiziers gemacht, einer hieß Ullrich. Des Nachmittags mit diesen beiden Offiziers, Schäffer und Proviant Offizier Staizewsky auf ein Dorf zum Postmeister zu Wein gefahren. Der Weg und Wetter waren von Dresden aus bis hierher schlecht. Alle Tage Schneegestöber und Regen. Ich war kränker geworden. -

----

den 13ten in einem Tage zwei Märsche gemacht nämlich über Hünfeld nach Fulda, wo ich bei der Frau Ratsrätin von Thomas in Quartier gekommen. In Hünfeld war der Ltn. von Mangold vom Husaren und in Fulda der Capitaine von Brochowsky von sächsischer Seite

Kommandant. v.Brochowsky erzählte mir, dass seine Frau vor 6 Tagen mit einem Mädchen in die Wochen gekommen.

den 14ten eine Stunde vor Herbstein in das Dorf Altenchlierf beim Herrn Amtmann Herget gelegen, sehr gut Quartier gehabt, ich konnte jedoch die Annehmlichkeiten nicht genießen, weil ich noch kränker geworden war. Abends spät erst ins Quartier gekommen, viel Berge passiert, Wetter schlecht. –

den 15ten Rasttag

den 16ten musste ich nach Hobmannsfeld, ein Dorf, wo ich auf den Ltn. Schäffer 5 Stunden wartete, indem das Rendezvous hier war. Wir kamen auf 2 Dörfer, Ulrichstein und Bobenhausen, nach letzteres war ich detachiert. Abends um 9 Uhr daselbst angekommen. Ich lag bei den Brauer.

den 17ten in Grünberg beim Kaufmann Echinger gelegen, mit Dietrich, gut Quartier

den 18ten Rasttag. Mit den Ltn. Bourk vom 2ten Linien Infanterie Regiment, der hier von sächsischer Seite als Kommandant war, die Revue über den hiesigen Landsturm mit beigewohnt, viel Spaß über dieses Bataillon gehabt.

Einige Offiziers so nach Sachsen auf Urlaub gingen begegnet, von Flemming vom 1sten Linien Regiment, von Rockhausen und von Heldorff vom Jäger Bataillon.

den 19ten in Giessen, beim Herrn Superintendenten und Professor Palmer ein so schweinisches Quartier gehabt wie man es selbst in Polen nur selten finden kann. Er und seine Frau gingen so schweinisch angezogen, dass es einen ekelte. - - -

den 20ᵗᵉⁿ die Städte Wetzlar, Braunfels und Weilburg passiert. In Weilburg zu Abend gegessen und dann noch 2 Stunden bis zum Dorf marschiert, es hieß Heckholzhausen. Bei einem Menonisten mit Schäffer, Dietrich und Staiczewsky gelegen. Ich sollte eigentlich nach Hedernbach kommen, konnte aber wegen Schwäche und nach den Gebirge nicht mit, fuhr also in ersteres Dorf.

den 21ᵗᵉⁿ Rasttag

den 22ᵗᵉⁿ sollten eigentlich nach Limburg kommen, ließen aber durch den Quartier machenden Unteroffizier den daselbst als Kommandant stehenden Major von Jeschky bitten, dass er uns nach Hadamar die Anweisung geben möchte und ich lag mit Dietrich bei einem Kaufmann, wo der Herr Major von Köckritz 5 Wochen gelegen hatte. Man sprach hier noch gern von dem Landwehr Bataillon.

den 23ᵗᵉⁿ Montabaur passiert und eine Stunde seitwärts nach den Dorf Wirges zu einen Bauer ins Quartier gekommen, schlecht Quartier. Weg und Wetter immer noch anhaltend schlecht

den 24ᵗᵉⁿ durch Vallendar und dem Tal gegangen und in Koblenz bei Herrn Klotz in No. 415 auf den Kastorhof. Der Ltn. von Planitz von der Garde lag auch hier und der Ltn. von Heintz hatte hier gelegen.

den 26ᵗᵉⁿ zum Herrn von Sohlenmacher ins Quartier gekommen, die eine der Fräulein von Sohlenmacher war eine über alle Begriffe grob ungesittete Dame, desto artiger waren die übrigen.

Ich kam hier zu den Ober Wund Arzt Köppner ins Quartier, welcher mich zugleich behandelte.

den 28ten zum Herrn Gattermann in No. 408 auf der Kastor Pfaffen Straße ins Quartier gekommen. Der Herr Major von Koppenfels logierte auch hier. - - - -

Mein Bruder besuchte mich später hier oft. Der Ltn. von Römer vom 3ten Grenadier Bataillon, welches einige Zeit hier in Koblenz stand, lag mit hier in Quartier. Er war Adjutant vom Bataillon.

Sehr krank war ich hier angelangt, denn mehr als 14 Tage hatte ich keine Medizin und alle Tage Regen oder Nebelwetter also natürlich , dass ich mehr tot als lebendig hier ankommen musste. Durch Hilfe unserer Ärzte ward ich bald dahin gebracht, dass ich ausgehen durfte. Doch eines war als ich auch aus gewesen, hatte ich mich im Gehen etwas angegriffen und war warm geworden, ich musste hierauf auf den Abtritt gehen; zu meinem Unglück zieht es hier so sehr, dass ich auch von diesen Augenblick an das Fieber wieder bekomme. Hiermit war es nicht genug, sondern ich fühlte nach einigen Tagen heftige Schmerzen im Unterleib und in den Seiten. Diese Schmerzen nahmen mit jeder Stunde zu und schon nach zwei Tagen als ich Schmerzen empfand, ging viel Blut mit dem Urin fort; später noch mehr Blut als Wasser, aber in ganzen Klumpen. Genug ich ward so schwach und elend, dass ich das Bett hüten musste, wo ich denn unter fürchterlichsten Schmerzen und Krämpfen noch 7 Tage elendiglich zubrachte. Doch war der Weihnachts Heilige Abend der gefährlichste für mein Leben. Schon hatte ich nur noch wenig Stunden zu leben, als ich zum Herrn Ober Regiments-Chirurgus Güntz von der Leib Grenadier Garde schickte und ihn um Hilfe bitten ließ, dies geschah jedoch mehr ohne das ich viel von mir wusste.

Als er da war und ich ihn mit brechender Stimme gesagt hatte wie die Sache zusammenhing und mich recht ordentlich bei Licht betrachtete zuckte er mit den Achseln, was ich wohl bemerkt hatte; doch als ich ihn frug ob ich noch zu retten sei, antwortete er es sei ja noch nicht alles verloren. Noch immer wusste man nicht, was aus der Entzündung werden würde. Den Tag darauf begriff man mich am ganzen Körper um zu untersuchen wo ich die mehresten Empfindungen hätte. Ich wurde gefragt wo mir es sehr weh täte, da ich aber aus Schwäche keinen Unterschied mehr machen konnte, wo mirs am wehesten tat, so antwortete ich überall. Jetzt sagte der Herr Doktor Güntz zum Herrn Köppner wenn es nur keine Blasenentzündung wird oder schon ist. -

Ich ward wieder begriffen. Als man mich aber unter den Nabel über dem Geschäfte angegriffen schrie ich laut auf – ha ha! Jetzt haben wirs gewiss, nun eine spanische Fliege aufgelegt, zieht diese so sind sie gerettet! – Sie zog über alle Erwartung gut, nach 9 Stunden ward sie abgenommen. Ich hatte viel Schmerzen dabei, doch desto leichter ward mir hernach, ich konnte das Wasser besser lassen, obgleich in einer Stunde noch 15 bis 18mal, so doch unter weniger Empfindung, denn nun war der Blasenhals mehr gereinigt und das Wasser konnte freier laufen.

Ohne mein Wissen hatte mein guter Herr Wirt, der alte Herr Gattermann an meinen Bruder nach Mayen geschrieben, ich sei wieder sehr krank und wenn er mich noch einmal in dieser Welt sehen wollte, so müsse er eilen, dass er nach Koblenz käm. Dieser Brief ist durch die Güte des Herrn Major von Cerrini durch unterlegte Kavallerie Ordonnanz befördert worden und so kam den andern Tag Max hier an, aber kaum erkannte er mich noch.

Auch der Herr Major von Cerrini besuchte mich, er erbot sich, wenn es mir an etwas gebräche, mir alle Hilfe zu leisten.

Dergleichen Anerbieten ließ mir auch der würdige General Leutnant von Lecoq durch den Herrn Regiments-Chirurgus Güntz tun und hatte auch gesagt er wolle mich besuchen, dass da ich mich bald besserte unterblieb. Jedoch borgte ich 15 Taler von ihm, welche ich auch kurz vor seiner Abreise wieder bezahlte.

Als ich ausgehen durfte und ziemlich wieder Kräfte gesammelt hatte, erhielt ich von den Retter meines Lebens dem Herrn Ober Regiments-Chirurgus Güntz die Erlaubnis nach Mayen zum Bruder fahren zu dürfen. Den Tag wo ich abreiste, erhielt der General Leutnant von Lecoq den Befehl das Kommando bei der Armee nieder zu legen, um nach Sachsen zu gehen, wo für ihn ein ehrenvoller Posten wäre. –

Diesen Streich hatte ihn allen Vermuten nach der General von Thielmann gespielt, und endlich seinen teuflischen Plan doch noch erreicht. –

Fünf Tage war ich in Mayen, wo ich mich recht gut amüsierte, auch traf ich den Tag als ich dort ankam dem Vetter Heinrich Heintz von Maxen. Viele Freunde und Bekannten wieder angetroffen.

Als ich wieder nach Koblenz kam, war die Leib Grenadier Garde nach Köln abmarschiert. Die hiesigen Bürger hatten sie wieder über die Moselbrücke begleitet. Von den Mädchen flossen viel Tränen.

Statt der Sachsen waren ein Bataillon vom Königl. Preuß. Leib Regiment hier eingerückt. Der General von Bürg kommandierte diese hier quartierende Brigade.

Februar 1815

den 24ten in dieser Nacht hatte der Herr Hauptmann Schneider vom 2ten Königl. Sächs. leichten Infanterie Regiment von den Herrn Major von Egidy selbigen Regiments eine Ordre erhalten – Ich ging zu den gleichen Hauptmann, um zu erfahren, ob diese Ordre auch mir etwas anginge und leider war es so. In dieser Ordre stand man solle sich erklären, ob man künftig dem König von Sachsen oder dem König von Preußen zu dienen gesonnen sei.

Der Hauptmann Schneider hatte sich so erklärt, dass wenn auch sein Geburtsort preußisch würde, er dem ohngeachtet dem König von Sachsen fort zu dienen willens sei.

Wir gingen hierauf zu dem Herrn Major von Könneritz ihn von dieser Schreckens-Nachricht zu unterrichten.

Wer diesen Mann kennt, der kann sich vorstellen wie er sich gebärdete als er uns reden hörte.

den 25ten des Nachts um ½ 1 Uhr erhielt ich eine Ordre von meinen Bruder aus Mayen auf Befehl des Herrn General Major von Brause nach welcher ich mich ebenfalls erklären sollte, wen ich künftig dienen wolle. Ich erklärte mich in der fürchterlichsten Wut für Sachsen und schickte meine Antwort durch diese Ordonnanz so mir die überbracht, über Mayen nach Ahrweiler zum Herrn Obrist Leutnant von Schlieben, welches mein Bataillons Kommandant ist, zurück.

Gestern bestieg ich in Gesellschaft eines preußischen Offiziers Herrn von Kaden die Festung Ehrenbreitenstein. Und heute besuchten wir in Gesellschaft der Herr Leutnants von Kahlden, Großkopf und Graewel das Kartäuser Kloster, welches an den Mainzer Tor auf einen Berg liegt von wo aus man Koblenz in seiner ganzen Schönheit übersehen kann. Die Gebäude sind hier noch ziemlich gut und bewohnbar. Auch war eine Zeitlang ein Sächsischen Lazarett allhier.

Schöner vom Anblick und viel höher liegt die Festung Ehrenbreitenstein, welcher gerade gegenüber zu seinen Fuß die Mosel in den Rhein fließt, auch konnte man weil es hell war Neuwied und Andernach sehr deutlich sehen. Das Tal gleichen Namens dieser Feste, ein Städtchen recht nett gebaut liegt links am Fuße des Felsens. Rechts übersieht man jenseits das Dorf Naundorf und diesseits des Rheins das Städtchen Fallent. Zwischen beiden Orten liegt auf einer Insel des Rheins das Dorf .... wo sehr schöner Getreide Boden ist, auch ist die Insel mit Obstbäumen bepflanzt.

Links den Rhein herauf sieht man das Dorf Pfaffendorf. Und hinter der Festung sieht man auf Bergen und in Tälern noch einige Dörfer liegen. Die Häuser auf der Feste sind demoliert und nur ein Häuschen, was in den Außenwerken liegt, wird von einen Schäfer bewohnt.

den 27ten verließ ich endlich die Stadt in welcher ich so sehr viel gelitten. Ich kam in Mayen glücklich an, logierte mich bei meinen Bruder ein und sah Tettenborn, seit Bialystock zum ersten Mal wieder.

den 28ten Mayen verlassen, in Bell bei den Herrn von Bräuer einen anderen Wagen erhalten, in Nieder Zissen sollte ich ebenfalls andere Vorspann erhalten, doch da es anging sachte dunkel zu werden, entschloss ich mich allhier zu übernachten.

Mein Bruder hatte mir seine beiden Windhunde Pfeil und Marsch mit der Bedingung gegeben, dass ich in Fall ich selbige verkaufe, die Hälfte davon seine sein sollte.

März 1815

den 1sten in Ahrweiler angekommen und bei dem Herrn Kanonikus Herzestorff in Quartier gelegen

den 2ten ging ich auf mein Dorf Dernau eine Stunde von Ahrweiler in mein Kantonierungsquartier. Dies Dorf liegt an der Ahr ein kleiner aber reißender Fluss. Das Dorf selbst liegt in einem Kessel von ungeheuer hohen Weinbergen umringt.

Der Weg von Ahrweiler nach Dernau geht längs der Ahr herauf und von beiden Seiten ist der Weg an die Ahr von hohen Weinbergen und Felsen eingeschlossen.

Die Ltn. Kunz und Treitschke waren mir entgegen geritten hatten jedoch einen anderen Weg eingeschlagen und mich dahero verfehlt. – Ich sah sie aber noch beide.

den 3ten war ich und Kunz zu den Herrn Ltn. Treitzschke nach Reech auf den Nachmittag zu Kaffee eingeladen, und wir gingen auch. Reech liegt eine kleine ½ Stunde von Dernau in demselben Tal wie Dernau die Ahr herauf. – Kunz. + - -

den 4ten machte ich einen Spaziergang nach Meischoff. In diesen Dorfe liegt der Pr-Ltn. Heinz. Meischoff liegt ganz in einen Kessel. Ich nahm meinen Weg über die Berge, welche sehr hoch sind dahero mir der Weg sehr sauer ward. Als ich wieder in Dernau angelangt, ging ich zum Ltn. Kunz wo ich den Herrn Hauptmann Schlegel ziemlich schwarz antraf, er war sehr gesprächig.

den 5ten ging ich mit Kunz nach Ahrweiler, aßen im kaiserlichen Hof und sodann gingen wir nach Weidenheim von da zurück und punkt 10 Uhr des Abends, gingen wir in Gesellschaft des Ltn. Treitschke in Dernau, wo wir um 11 Uhr ankamen.

Kam der Prem.Ltn. Heinz, so gestern Abend von Köln wieder zurück gekommen, nach Dernau, wo ich ihn seit Russland das erste Mal wieder sah, er ging mit Treitschke nach Ahrweiler. – Heinz brachte verschiedene Neuigkeiten mit von Köln.

den 7ᵗᵉⁿ mit Heinz und Ltn. von Koppenfels vom 3ᵗᵉⁿ Linien Infanterie Regiment spazieren geritten. Auch hatten wir Befehl erhalten, dass die Kompanien des Regiments delogiert würden, und zwar auf den 9ᵗᵉⁿ dieses Monats

den 9ᵗᵉⁿ ward delogiert, ich kam auf den Sommerberger Hof wo vorher Uslar gelegen hatte. Ich erhielt die beiden um mich liegenden Dörfer Fritzdorf und Arzdorf, wo Detachements von der Kompanie lagen, unter meinen Befehl.

Der Ltn. Heinz kam nach Adendorf und lag auf dem Schloss bei Herrn Sommer. Der Ltn. Treitschke lag ebenfalls in Adendorf, aber beim Pastor.

Der Ltn. Kunz kam mit seinen Detachement nach Phillippsrothe. Einige Tage später kam er aber nach Neuhof zu stehen.

Noch bekam ich später das Detachement Bissenheim unter meinen Befehl.

den 10ᵗᵉⁿ laut gestrigen Befehl musste ich von heut an, im Brigade Quartier zu Ahrweiler eine 4tägige Tour übernehmen. Aller 4 Tage ward der Tour habende Offizier abgelöst; Mein Quartier während meines Aufenthalts in Ahrweiler bekam ich in der Hirsch Apotheke bei Herrn Damen. Als ich mich heut beim Herrn General von Brause gemeldet, und ihn meine Erklärung, denjenigen Monarchen zu dienen an den mein Geburtsort fallen würde, überreicht hatte, bat er mich zu Tische, ich nahm es an und blieb gleich da, da es ohnehin bald Zeit zum Essen war. –

Ich hatte heute einen schändliches Wetter und Weg zur Reise nach Ahrweiler.

den 11ten wollte ich zum Kaiserlichen Hof speisen, aber der Herr Oberst von Bose, welcher täglich auch hier speist, bat mich sein Gast zu sein

den 13ten die Brüder Kaendler und Heinecken wieder gesehen.

den 14ten ward ich durch den Ltn. von Wittern abgelöst. – In den Tagen als ich in Ahrweiler war, erhielten wir die Nachricht von Napoleons Landung in Frankreich, von Elba aus.

den 24ten des Nachmittags erhielten wir auf einmal ganz unvermutet und unverhofft den Befehl zum Marsch, wohin wusste niemand und man erfuhr es auch nicht, indessen sollte bei Bonn das Rendezvous des Regiments sein

den 25ten marschierten wir wirklich, und kamen 1 ½ Stunden hinter Bonn nach Köln zu, zwar etwas links von der Straße. Die Kompanie erhielt 3 Dörfer Bornheim, Rosdorf und Waldorf. In ersteres lag Heinz auf einem Schloss, Treitschke lag ins zweiten und ins 3te Kunz. Ich lag bei Herrn Böchen auf einen charmanten Sommersitz bei Bornheim, des Nachmittags kam Besuch, wir gingen spazieren und ich befand mich wohl. –

den 26ten kam das ganze Regiment nach Köln, ich hatte ein schändlich Quartier, als ich kam, fragte man auch, ob ich auch Essen wollte? - - -

Um halb 4 Uhr des Nachmittags gingen wir Offiziere der 7ten Kompanie uns die Merkwürdigkeiten dieser großen

Stadt zu besehen. Zuerst betrachteten wir das wundervolle Gebäude des Doms von außen, so dann von innen. - - -

Von hier gingen wir in Sicherheitshafen, welchen Napoleon hat bauen lassen, die Mauern sind sehr nett. –

Übrigens ist meine Feder nicht dazu gut genug geschnitten die Schönheit des Doms zu Köln weder von außen noch von innen zu beschreiben. –

den 27ten nahmen wir unseren Marsch nach Düren zu, kamen zwei Stunden rechts seitwärts davon zu stehen.

Der Ltn. Heintz und ich kamen nach Niederzieher auf den Schloss zu einer Gräfin von Hochstetten. – Ein Pfaffe führt das Regiment im Hause. Das Quartier ist hier sehr gut. Ltn. Kunz kam nach Oberzieher. Ltn. Treitschke kam nach Moersenich.

den 30ten wurde das Detachement Moersenich nach Ober und Niederzieher verlegt und Treitschke kam mit zu uns nach Niederzieher und mit zu mir in meiner Stube zu liegen; heute schoss ich auf der Jagd das erste Kaninchen. -

Es wurden heut scharfe Patronen gefasst. Von hier bis Jülich ist es 1 ½ Stunde.

Je länger wir hier stehen bleiben, desto mehr gefällt es uns hier bei unserer Gräfin von Hochsteden, welches eine ohngefähr 40jährige noch unverheiratete, aber schätzenswerte Dame ist. Wir werden gut verpflegt, und was sie uns an den Augen absehen kann, tut sie uns mit der größten Zuvorkommenheit Freude. –

Sonntags setzten wir uns alle drei zu Pferde, und ritten nach Düren um uns umzusehen; wir sollten da bleiben und die Kanonade und einen Ball mit beizuwohnen. Aber wir ließen uns trotzdem, dass viele Offiziere vom Regiment da waren die da blieben wie auch vom Husaren Regiment viele da waren und blieben. Den Oberst Leutnant von Stünzner gesehen

April 1815

den 8ten des Nachts gegen 1 Uhr erhielten wir Befehl, des Nachmittags 4 Uhr in Düren einzurücken. Dies geschah und hier erfuhren wir der Marsch ging nach Aachen zu. Ich hielt beim Herrn Obrist von Bose um die Erlaubnis an, in Aachen zurück bleiben zu dürfen um Bäder zu gebrauchen.

den 9ten kamen wir nach Aachen, ich kam auf eine Nacht zum Herrn Doktor Barz /: Doktor der Rechte :/

den 10ten erhielt ich vom Obristen Aster die Erlaubnis, mich so lange hier aufhalten zu können, bis ich völlig wiederhergestellt sei. Auch erhielt ich eine Anweisung auf Quartier mit Verpflegung.

Ich erhielt heute noch ein ander Quartier, bei Herrn Beissel, Kaufmann, auf der Kölner Straße Sektion A No. 398 auf 3 Tage. Die Wirtsleute sind freundlich und artig, auch scheint es als wenn sie mich länger als 3 Tage bei sich behalten wollten, wenigstens sagte Herr Beissel, es würde sich schon machen lassen ob ich gleich nur das Billet auf 3 Tage hätte, er sei so wenig wie ich Freund von tauschen und oft wechseln. Vor mir hatte ein preußischer Adjutant von Generalstab 9 Monat hier gelegen.

den 16ten passierten gegen 3.000 Mann bergische Infanterie hier durch; viele blieben in der Stadt und hatten Rasttag.

den 17ten sah ich den Herrn von Burckersroda der jetzt beim General von Thielmann als Adjutant ist. Er kam soeben als Kurier von Wien, wo er an Sr. Majestät den König von Preussen mit Depeschen geschickt sei. –

Mit der Teilung von Sachsen hat es seine Richtigkeit, nächstens wird man das nähere erfahren. – Der König von Sachsen hat die Landstände des Königreiches zusammen gerufen, und sich mit ihnen beraten, worauf Noten und Erklärungen an den Kongress abgesendet wurden. - -

den 20ten auf den Prem.Ltn. von Selmnitz sein Dorf nach Asternet, zwei Stunden von Aachen und Eupen mit den Herrn Ober Rossarzt Misbach seiner Equipage gefahren; in Asternet bei Selmnitz und Suck welche in einen Edelhof liegen übernachtet.

den 21ten nach Eupen gefahren. Bei meinen Bruder seinen Wirt Mittag gegessen, so dann mit Selmnitz bis an die Lütticher Straße gefahren, wo seine Pferde warteten. Von hier fuhr ich allein nach Aachen zurück.

In diesen Tage habe ich einige ehrenwerte Königlich Preußische Herren Offiziers kennen lernen, es sind Pommern das heißt die mehresten. –

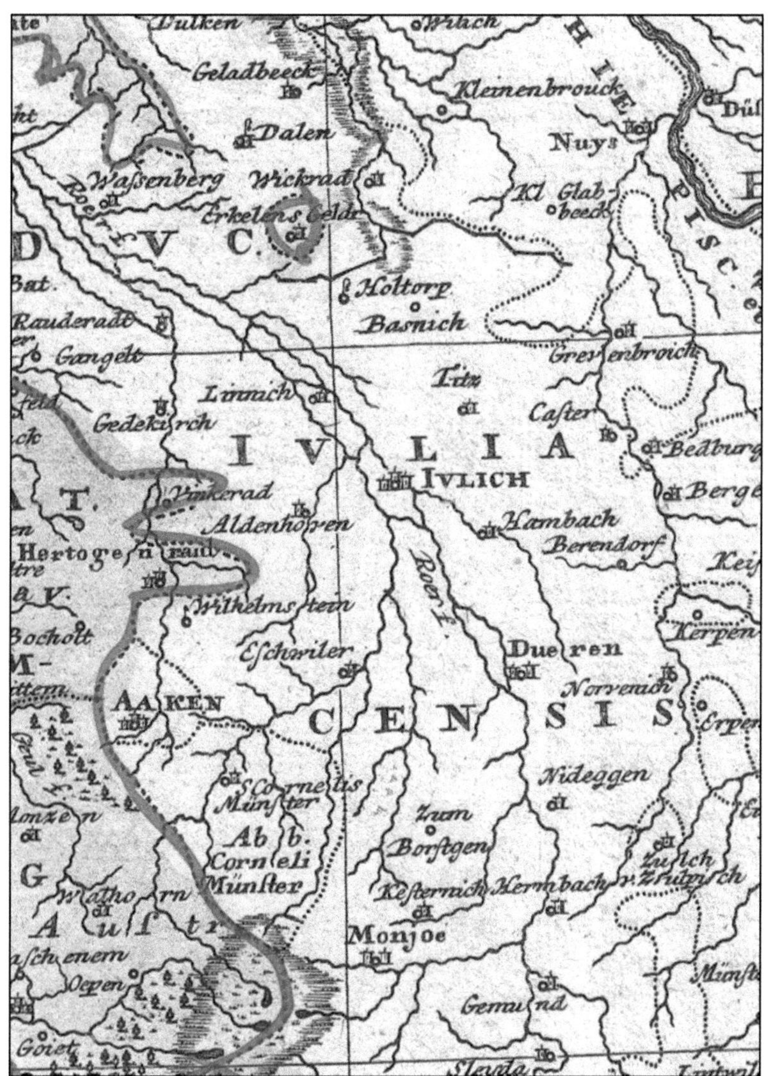

Abb. 03　　　　　Gegend um Aachen

Mai 1815

den 3ten mit den preußischen Herrn Prem.Ltn. von Hagen von die Pommern nach Burtenheid gegangen und mit Herrn von Hagen im Johannes Bade zum ersten Mal gebadet. –

den 4ten erfuhr ich, es sollten die in Lüttich stehenden Regimenter von den Sachsen, wegen der Teilung der Armee revoltiert haben. – Später bestätigte es sich leider auch wirklich.

den 5ten des Nachmittags 2 Uhr nach Eupen geritten mit den Herrn Ober Rossarzt Misbach. Als wir nach Eupen kamen war alles weg marschiert ritten also unverrichteter Sache wieder, denselben Nachmittag nach Aachen zurück.

den 6ten entstand hier ein allgemeiner Auflauf, weil die Nachricht hier angelangt sei, die verschiedenen Parteien der rebellischen Sachsen näherten sich der Stand Aachen.

Auch wurden die Tore wirklich von der hiesigen Bürgermiliz, welche sie, da kein Militär hier ist, verstärkt. – Kurz darauf kam ein schlesisches Bataillon hier an, welches, wie es heißt, die Stadt gegen die herandringenden Sachsen verteidigen soll. Dies ist jedoch ungewiss, aber alles ist in voller Erwartung der Dinge die da kommen sollen.

Aber so viel ist gewiss, dass sich ein furchtbares Donnerwetter über uns unglücklichen Sachsen zusammen zieht. Gott gebe dass die Sache ein besseres Ende nimmt wie zu vermuten steht.-

den 7ᵗᵉⁿ diesen Abend ward ausgesprochen, die Sächsischen Rebellen hätten auf eine preuß. Ulanen Patrouille Feuer gegeben. Dies fand sich aber dass es nicht wahr sei. – es waren besoffene Kirmes Bauern die in ihrer Betrunkenheit einige Freudenschüsse getan.

den 8ᵗᵉⁿ schrieb mir mein Bruder von Eupen, es wär beim 1ᵗᵉⁿ leichten Infanterie Regiment eine bedeutende Revolte gewesen, - sämtliche Stabsoffiziere exklusive des Major von Ehrenstein wären vom Regiment fort. Dem Major von Beeren sollten die Schützen bei dieser Gelegenheit das Pferd blessiert haben. –

den 11ᵗᵉⁿ mittags, so gegen ½ 12 Uhr, passierte des 2te leichte Infanterie Regiment durch Aachen; - Sie hatten gestern Abend noch spät den Befehl erhalten, nach Düsseldorf und Neuss zu, zu marschieren. Mein Regiment heißt es, soll morgen auch hier durchkommen, um den nämlichen Weg zu nehmen.

Ich ging den 2ᵗᵉⁿ Regiment, als ich ihre Ankunft erfuhr entgegen, und begleitete meinen Bruder Max, bis eine viertel Stunde weit vor dem Mastrichter Tor.

den 12ᵗᵉⁿ des Mittags ging das 1ᵗᵉ leichte Infanterie Regiment hier durch, und nahm seinen Weg nach Krefeld zu, ohnweit Neuss. Heintz und Treitschke gesehen. Major von Ehrenstein kommandierte das Regiment.

Gestern den Ltn. Kunz gesehen, er ritt voraus Quartier fürs Regiment zu machen.

den 15ᵗᵉⁿ war die Huldigung des Königs von Preußen als Groß Herzog vom Niederrhein. Es ging sehr feierlich zu. Alle Stände und Bergmeister waren dabei zugegen. –

Im Rathaus war ein recht artiges Orchester erbaut, worauf sich der Thron befand, welcher ebenfalls sehr hübsch gemacht war. Der Herold zu Pferd machte sich leidlich. – Es machte ihn jemand von der hiesigen Polizei. –

Die versammelten hohen Herrschaften speisten auf einem schönen Saal des Rathauses.

Des Abends war die Stadt erleuchtet. Auch war Feuerwerk vor dem Adelberts-Tor, welches aber nach Aussage einiger Zuschauer und Verständiger der Sache, herzlich schlecht gewesen sein soll. –

den 21ten marschierte der sächsische Haupt-Park hier durch, er geht vorwärts. Wahrscheinlich soll er, da, die reitende Artillerie ausgenommen, alles von der Artillerie noch hinten ist, zum Vorpostendienst vorrücken. –

Denn sonderbar ist und bleibt es, dass der Haupt-Park vorwärts geht, und sämtliche Infanterie und Fuss-Artillerie noch hinten ist. Die Infanterie befindet sich bei Kleve, Neuss, Düsseldorf, Linnich und Moers. Die Artillerie hingegen weiter nach Aachen seitwärts zu. –

Die gesamte Kavallerie nebst der reitenden Artillerie ist vor nach Lüttich marschiert, und befindet sich vielleicht schon jetzt bei Namur. –

<u>Der Infanterie traut man nicht.</u>

Vorgestern und gestern ist viel Landwehr Kavallerie hier durch passiert; jedoch waren es nur einzelne Trupps welche größtenteils aus Ulanen bestanden. Auch ist bis jetzt von der großen preußischen Armee noch wenig hier durch, und überhaupt kommt es mir so vor, als ob die große preußische Armee nur auf dem Papier marschiere, und die wirklich kleine Armee bloß marschiert. Etwas Ganzes, eine Brigade oder mehrere Regimenter sah ich bis jetzt nur von den Bergischen hier ankommen, auch etwas von die Westphalen, aber sonst nichts. Und sollte sich dennoch eine große Armee der Preußen und Russen im Anmarsch befinden, so dürfte es, so wie sie sich an Ort und Stelle befinden, nötig sein, wenn nicht so wohl die Alliierten als auch die Franzosen, in den hiesigen Landen verhungern wollen, den Kampf bald zu beginnen.

Ein Glück für die Alliierten ist es dann auch, wenn sie die Franzosen besiegen, ist dies nicht der Fall, oder will ihnen das Glück nicht wohl, und sie müssen retirieren, so greift in den Lütticher Lande und in dem Jülicher alles von selbst ohne Geheiß zu den Waffen und schlägt auf die Alliierten – und ich wünsche zu dieser unglücklichen Zeit, nicht mehr hier, sondern schon über den Rhein zurück zu sein. –

den 23ten erfuhr ich, dass die gesamte Sächsische Artillerie vorwärts marschiert sei.

den 24ten kamen die Quartiermacher vom Sächsischen Haupt-Park und die der gesamtem Artillerie zu Fuß hier an, um für die nach Jülich zur Besatzung zurück gehende Artillerie Quartier zu machen.

Es ist erbärmlich wie die Sächsische Artillerie, bald vor, bald rück und seitwärts herum gehetzt wird – und das scheußlichste Los, zu was man sie endlich bestimmt, ist zur Besatzung einer Festung!

den 25ten passierte der Haupt Artillerie Park hier durch, die Batterien gingen nicht durch die Stadt, sondern um die Stadt herum in ihre Nachtquartiere.

den 26ten erfuhr ich von einem Sächsischen Lazarett Chirurg, so von Köln kam, dass, wie er heute Jülich passiert sei, habe eben die Sächsische Artillerie, ihre Kanonen ohngefähr 40 Stück daselbst auffahren müssen, selbige so dann verlassen und die Mannschaft sei in der Gegend von Jülich in die Dörfer einquartiert worden. Auf diese Weise sucht man uns nach und nach zu entwaffnen. Es ist schändlich, wie heute zu Tage Deutsche von Deutschen unterdrückt und behandelt werden – und warum? Damit eine Nation so den schwarzen Kuckuck führt Alleinherrscher sein können. Und um diesen Zweck zu erreichen, wird ein altes deutsches biederes Volk, dass sich Sachsen nennt, unterdrückt. –

An den Zweiten Adjutanten des hiesigen Etappen Büros, Herrn Grafen von Bredow, so in der Kampagne 1813 und 1814 bei Konstantin Kürassiers in der Preußischen Armee stand, einen recht guten Kameraden kennen lernen, nämlich in Aachen. –

Juni 1815

den 6ten nachdem das hiesige Lazarett Ordre zum Aufbruch nach Köln erhalten, ward beschlossen, dass wir als heute den 6ten des Monats unsern Marsch über Düren dahin nehmen wollten. Der Marsch ward gegen ½ 8 Uhr angetreten; nachdem ich zuvor bei meiner schönen Frau Wirtin Madame Beissel /: schade, dass unter einer so schönen Larve ein so schändliches Herz lauert; das unter der Maske der Freundlichkeit der fürchterlichsten Zorn und die Wut eines Tigers gern verbergen möchte, was sie aber als Gabe der Natur, möchte ich sagen, nicht ohne blau und rot zu werden lange verbirgt, - und ihre Wut gar bald an eins ihrer Untergebenen ausgehen lässt. – Ein so böses, rachgieriges, stolzes und geiziges Weib hab ich lange nicht gesehen. – Und er der Herr Gemahl dieser Madame Beissel, ist der beste Mann, von einen vortrefflichen Charakter gutem Herzen! Und hat ein Weib, die der lebendige Teufel selbst ist – wie reimt sich das zusammen. Ich bedauere ihn; auch ist er nur ruhig und leidet geduldig, um seinen alten Vater nicht bei guter Zeit in das stille Grab zu bringen – und den Frieden des häuslichen Glücks nicht zu stören, wenn ich es anders so nennen darf. Denn er hat alles Gute, und sie alles Böse an sich, die Hexe! – ich könnte viel Beweise ihres Geizes und ihres schlechten Betragens aufführen, wenn ich mich nicht eben besonnen, dass ich meinen Marsch fortzusetzen hätte. – Bei Herrn Beissel konnte ich nicht Abschied nehmen, weil er in Köln war, um seine ältere Tochter Laura 8 Jahre alt, so bei einer Verwandten auf Besuch sich daselbst befand, die er wieder nach Aachen abholen wollte, - die jüngere Tochter heißt Klara und ist 6 ½ Jahre alt - :/ Abschied genommen, ging ich in Begleitung des Herrn Ltn. Grafen von Bredow und Ltn. Schallehn eines ehrlichen Pommern von Geburt, der meine Schwester, die daselbst ohnweit von ihm verheiratet ist, persönlich kennt, zu Fuß zum Tor hinaus und ließ meinen Wagen, oder vielmehr meine zweirädrige Karre sachte nach kommen, die ich mit dem Herrn Ltn. von Sommerfeld zusammen hatte. Die beiden

Herren Preußen begleiteten mich ziemlich eine Stunde weit. –

Wir kamen auf dem Weg nach Düren beinahe durch kein Dorf wo nicht welche von unserer Artillerie lagen, denen die Kanonen in Jülich abgenommen waren, jedoch noch von uns bewacht wurden.

Auch begegnete ich den Ober Rossarzt Misbach auf ohngefähr die Hälfte des Weges. Ein Stück weiter begegnete ich dann Ltn. Schäffer von der Artillerie, der ein Stück neben unseren Wagen her ritt.

Endlich kamen wir nach Düren, wo wir aber nicht blieben, sondern eine gute Stunde auf die Dörfer einquartiert. Der Stabs Wundarzt Krebs kam nach Binsfeld und ich und von Sommerfeld auf das Schloss Bubenheim, welches von den Pächter Herrn Martin Open verwaltet ward. – Wietersheim, so in Bialystock mit als Gefangener war, hatte 21 Tage hier in Quartier gelegen, aber leider als Kranker.

Die Maas so wir vor Düren passierten, war durch den Regen angeschwollen.

Das schändliche Betragen der preußischen Freiwilligen gegen unsere Kranken ist bemerkenswert.

den 7ten nahmen wir unsern Weg nach Köln. Dieser Marsch ward mir sehr sauer, weil ich durch einen Stoß den ich gestern auf den Wagen erhielt, wieder Brustschmerzen erhalten. Übrigens sahen wir wie gestern in den Dörfern sächsische Einquartierungen von der Artillerie.

Nachmittags um ½ 2 Uhr kamen wir in Köln an, und ich mit von Sommerfeld auf der Marzallenstraße No. 3074 zu Herrn Degroot ins Quartier. Der Wirt war ein freundlicher Mann der uns auch recht sehr anständig mit Wein und allen Essen versorgte. Wunderschön stand auf den Fluren von Aachen bis Köln das Getreide.

den 8ten früh marschierte der Herr Ltn. von Sommerfeld mit den Rekonvaleszenten weiter nach Paderborn zu, sie nehmen ihren Weg über Solingen, Elberfeld, Hagen, Unna, Wörl, Soest, Lippstadt und Paderborn; während diesen acht Märschen haben sie drei Rasttage, nämlich in Solingen, Unna und Lippstadt.

Ich ward in meine Quartier gebeten wenn es ging, da ein Quartier zu verbleiben, so lange als ich hier blieb, da aber dieses Quartier gegen ¾ Stunden vom Lazarett entfernt ist, so konnte ich es den Chirurgus nicht zumuten, so weit zu gehen. Ich ließ mir daher eine Anweisung auf ein Quartier geben, und erhielt mein neues; auf der Herzogenstraße No. 10 bei einem Wein Schenk Herrn Schlösser gut Quartier.

Auch hatte ich heute das Vergnügen den Herrn Rittmeister Hänel vom Sächsischen Kürassier Regiment kennen zu lernen. Der Ltn. von Engel vom Ulanen Regiment befindet sich ebenfalls so wie der Herr Rittmeister als krank hier.

Der Marsch von Aachen nach Köln war mir nicht gut bekommen, denn ich bekam einen Anfall von Blasenentzündung, ward aber in acht Tagen wieder beseitigt.

den 18ten kam die Nachricht hier an, dass die Feindseligkeiten ihren Anfang genommen haben, und zwar die Franzosen bei Charleroi die Preußischen Vorposten überfallen sein, das Gefecht nach Aussage einiger Blessierter so hier her gekommen, mörderisch gewesen sei!!

Am 19ten sah ich den Herrn Ltn. von Dierschen wieder der früher beim Regiment Prinz Max stand. Er steht hier bei einem Ersatz Bataillon als Kompanie Führer.

Den Wirt des Ltn. von Engel Herrn Obristen von Burkcheid kennen lernen, jedoch früher als den 16ten dieses.

den 25ten an meinen Bruder Max nach Osnabrück geschrieben.

Juli 1815

den 2ten meinen Geburtstag ziemlich schlecht gefeiert, weil es mit der Kasse schlecht steht.

Die beiden andern Pferde wurden durch den Bedienten des Herrn Leutnant von Egelwieder kurz vor Teitz gefangen.

Eine Stunde weiter passierten wir den Flecken Mühlheim, und marschierten auch ganz dich da vorbei, wo der Julius Caesar über den Rhein gegangen ist!

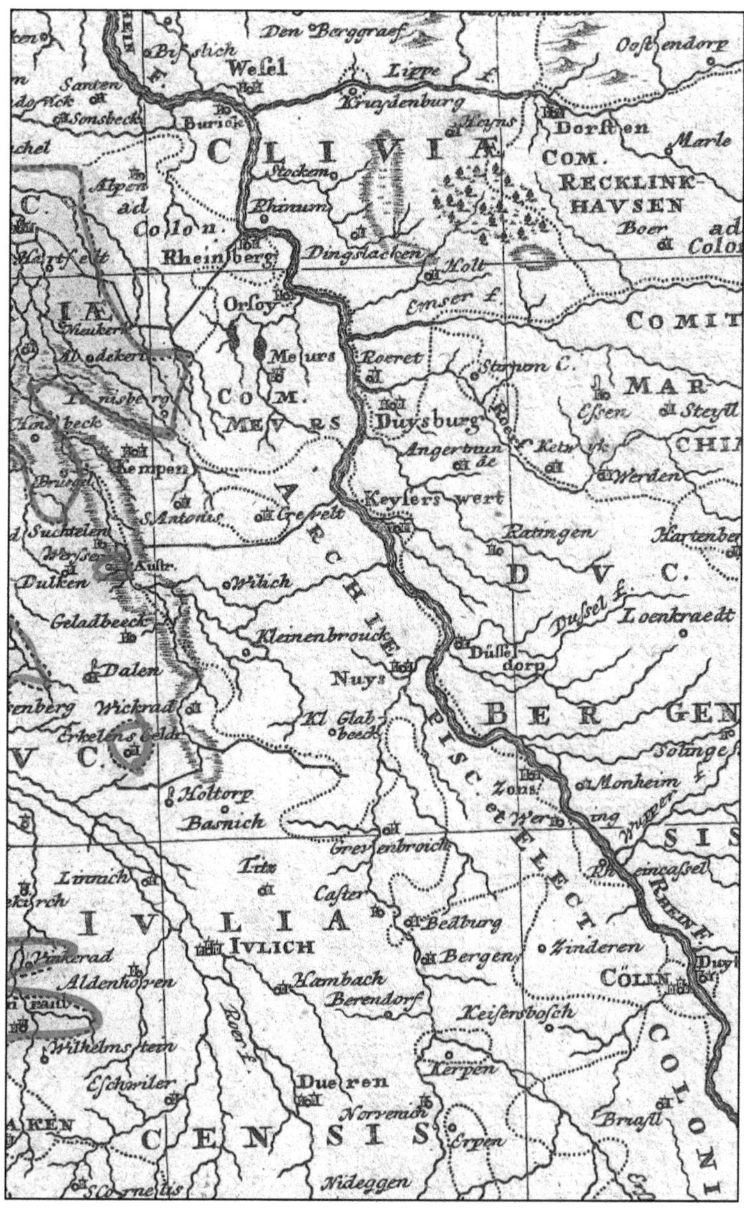

Abb. 04 Gegend von Köln, Düren, Jülich, Düsseldorf

Fünf Stunden weiter machten wir an den Schloss Bellenrath, was ehemals den Kurfürsten Carl Theodor von Bayern gehörte, hernach bekam es der jetzige Ex-König Murat und jetzt gehört es dem König von Preußen. Das Schloss und Garten sind schön.

Von hier nachdem wir 1 ½ Stunde gehalten, kamen wir nach 2 Stunden nach Düsseldorf. Ich kam zum Herrn Roeder auf der Mittelgasse No. 500 ⅛ ins Quartier. Besuchte auch den schönen Hofgarten noch diesen Abend.

Der Oberwundarzt Dietrich ward mit den größten Teil des Hospitals 1 ½ Stunde vor Düsseldorf detachiert.

Herr Schlösser mein Wirt aus Köln begleitete mich bis an die Schiffsbrücke bei Köln. Auf den Marsch war gut Wetter, nur etwas staubig.

Zum Schloss Bellenrath gehört viel Hufe Jagd, auch scheint es, dass dieses Schloss wohl als Jagdschloss benutzt worden sein mag!! -

den 7ten in Elberfeld angekommen und bei den Herrn vom Stein No. 9 an der Aue ins Quartier gekommen; gut Quartier.

Bei den Herrn Ober Wundarzt Hankel ins Quartier zum Besuch gegangen, von da mit dessen Wirt einen Spazierweg auf einen seiner Gärten, der auf einen Berge, Töpferberg genannt liegt, von wo aus man eine einzig schöne Aussicht auf Elberfeld hat. Die Stadt ist sehr schön, und man erkennt gleich beim ersten Anblick derselben, welche Wohlhabenheit hier herrscht. Es ist hier der Hauptnahrungszweig Tuchfabriken, Seidenfabriken, Hammerwerke und dergleichen mehr – ein großer Teil der Häuser sind Palästen ähnlicher als Bürgerhäusern. Die Gegend hier herum ist sehr angenehm, vorzüglich nehmen sich die Berge von den die Stadt ringsherum eingeschlossen, und von welchen man aus mehreren Punkten die Stadt und die daran vorbei fließende Wupper sehr gut übersehen kann.

den 8ten von Elberfelde weg marschiert, die Wupper passiert, durch die schönen Vorstädte gegangen. Viel Berge passiert, auf dem Weg viel Preußen begegnet. Längs der Straße waren sehr viel Hammerwerke, Draht als auch Eisenhämmer.

Diesen Marsch ritt ich auf ein Pferd des Ltn. von Engel, und mit mir in Gesellschaft auf einem Pferd des Herrn Rittmeister Hänel der Oberwundarzt Hanckel. Es regnete den ganzen Tag fürchterlich und wir wurden mehrere Mal nass aber nicht trocken.

Wir kamen endlich unter fürchterlichsten Regen in Hagen an, wo wir hätten bleiben sollen, wurden aber nach Limburg an der Lenne detachiert. Schon in Hagen begrüßte man uns, weil die Nachricht angelangt, Paris sei über, mit dem Glockenläuten aller Glocken. Hagen ist klein, aber vielleicht recht nett! –

Von hier setzten wir unsern Weg über eine neue noch nicht wegsame Chaussee durch Wald, Felder und über ziemlich hohe Berge nach Limburg an der Lenne zwei Stunden von Hagen fort, wo, als wir uns den Städtchen näherten, mit dem Geläute der Glocken und mit unzähligen Pistolen und Flinten Schüssen, und mit Böller empfangen wurden, welches ebenfalls der Einnahme von Paris galt. – Ich kam zum Friedensrichter Herrn Bongart ins Quartier-

den 9ten Rasttag. Das hiesige Schloss welches sehr hoch auf einen Berge liegt bestiegen in Gesellschaft des Herrn Stabsarzt Sahlfelder, Oberwundarzt Gräffe und Hankel und Ewald Dietrich. Diese alte Burg ist noch wenig beschädigt und ziemlich fest, es werden aber jetzt Gebäude eingerissen, und das Holz davon verkauft. Die Gebäude sind noch nicht alt, und Mauern und Häuser können noch sehr lange stehen. In den Zimmern des Schlosses sind noch viele Gemälde die den ehemaligen Besitzer dieser Feste sein sollen.

Die Aussicht von hier auf die Stadt Limburg ist schön, man sieht jedes Haus, deren viele in den Tälern des Gebirges nach allen Seiten zu, sich verlieren, und gleichsam die Vorstädte bilden, die Lenne schlängelt sich so mannigfaltig hindurch, so dass dadurch die Gegend um vieles gewinnt.

Man erblickt von hier bei hellen Wetter, der Lenne nach, auf einem Felsen die Ruinen einer ehemaligen Sächsischen Ritterburg, und übersieht nach dieser Gegend zu mehrere Dörfer.

Die Aussicht von hier würde noch schöner sein, wenn die Stadt und Feste nicht ganz in der Nähe von noch höheren Bergen umgeben wären, so dass dadurch die Aussicht, der Lenne entgegen zu, und seitwärts beschränkt ist. –

Der Hauptnahrungszweig sind hier die vielen Drahthammer.

den 10ten an den letzten Häusern von Limburg die Lenne über die steinerne Brücke passiert, 1 ½ Stunden davon die Ruhr passiert, in den Städtchen Schwelm eine halbe Stunde gehalten dann in Unna angekommen, auch hier wurden wir detachiert nach die Dörfer Gommern und Kessebüren in ersteres kamen der Herr Rittmeister Hänel, Ltn. von Engel, meine Wenigkeit und der Stabsarzt Sahlfelder mit mehreren Kranken. Ich und der Rittmeister kamen zusammen zu einem Bauern ins Quartier; leidlich. Weg und Wetter schlecht. Hier ward dem Rittmeister sein Rappen mit neuem Heu überfüttert.

Das Rathaus von Unna und die Kirche und die Ringmauer der Stadt, sind ihres Alters wegen, bemerkenswert.

den 11ten durch Unna zurück gegangen, bei bedeutende Salinen vorbei marschiert, ein kleines Städtchen passiert, Preußen begegnet. ½ Stunde vor der Stadt Werne über die Lippe gefahren oder gesetzt. Von hier in die Bauernschaft Wesel detachiert. Auf einem Edelhof bei einen Pächter mit Herrn Rittmeister und Engel in Quartier gelegen, gut Quartier.

Diese Dorfschaft liegt sehr weitläufig, oft hat man zum nächsten Hause eine viertel oder aber auch eine halbe Stunde und das schlimmste ist die ganzen Häuser liegen im Wald. Wir sind hier schon im Münsterland.

den 12ten nach Münster gekommen, bei Herrn Klein No. 7 auf der Ludgeri Beischaft am Markt ins Quartier gelegen, leidlich. – Des Abends in die Komödie gewesen.

den 13ᵗᵉⁿ Rasttag. Den Vormittag wendeten wir dazu an, um auf den Turm zu steigen und im Dom zu gehen. Auf den Turm besahen wir uns die drei auswendig des Turms befestigten eisernen Käfige, in welchen die drei Wiedertäufer Johann von Leiten, Knippertolling und Krechling, in welchen die Toten Körper zur Schau ausgestellt gewesen sind. Ehe man sie in die eisernen Käfige gesteckt, hat man sie mit glühenden Zangen nach und nach zu Tode geknippen. Am Rathause sieht man sie angemalt und unter einen jeden hängt die Zange, womit er geknippen worden ist. Johann von Leiten war der König der Wiedertäufer. Er war in einer kleinen holländischen Stadt ein Schneider seiner Profession, kam nach Münster, warf zum Anführer zum König dieser Sekte auf, er war ein böser Wüterich.

Übrigens war die Aussicht von diesen Kirchturm der am Markt steht sehr schön, man übersah die Stadt und umliegende Gegend mehrere Stunden weit rings herum.

Im Dom ist die sich darin befindliche Uhr als Kunstwerk sehenswert, auch außerdem noch mehreres. Vorzüglich schön soll das Chor und Hochamt sein, was aber leider verschlossen war.

Nachmittags gingen wir uns das Schloss besehen, auch der sich daran schließende Garten ist schön und groß. Auch kann man sich wenn man, vom herum gehen müde ist, in einem daselbst befindlichen Gartenhause, Erfrischungen erhalten. Wir taten dies in Gesellschaft des heute hier von Osnabrück angelangten Husaren Majors von Taubenheim. Von hier aus gingen wir wieder in die Stadt, um auf der Reitbahn, um die Künste der sich daselbst befindlichen englischen Bereiter mit anzusehen /: sie machten ihre Sache sehr gut :/

Um ganz Münster was nicht klein sondern schon ziemlich groß ist, führt eine Kastanien und Lindenallee.

Auch besahen wir uns den im Rathaus befindlichen Saal, in welchen der westfälische Friede geschlossen worden. Die Portraits der dabei anwesend gewesenen Gesandten hängen über ihren ihrem Rang nach gebührten Sitzen, die Sitze bestehen in hölzernen Bänken worauf ein jeder der Gesandten – wo er gesessen – ein Federkissen zur Unterlage gehabt, die auch jetzt noch auf derselben Flecke liegen.

Einige Rüstungen, große Schwerter und ein Hellebarde befinden sich ebenfalls da wie noch mehreres. Ein kleiner allerliebster Schuh von der Frau des Johann von Leiten die er gemordet befindet sich hier: das was Oberleder sein soll ist grüner Manchester die nicht hohen Absätze und Sohlenunterlagen sind von Gurt und mit einer dünnen Sohle überzogen nach vorne zu ist der Schuh oval rund.

Auch befindet sich ein eisernes Halsband da, welches mit eisernen Nägel jedoch die Spitzen nach innen zu beschlagen, welches ein Bruder den andern aus Neid umgebunden, um ihn so schrecklich hat umbringen wollen, das Schloss dieses Halsbandes hat sich vermöge /: durch wenig zusammen drücken :/ einer innwendig verborgenen Feder zugeschlossen. Man hat dieses Schloss durch einen klugen Schmied auf machen lassen, und hat seinen entflohenen Bruder nachgesetzt ihn eingeholt, und ums Leben gebracht.

Noch befindet sich in demselben Schrank eine Hand, in einer Kapsel, welche einem Sekretär gehörte, der beim hiesigen Friedensschluss falsch geschrieben, dieses ist entdeckt worden, und man hat ihm auf der Stelle damit er künftig hin nicht wieder auf schurkische Weise falsch zu schreiben in Versuchung geführt würde, die rechte Hand abgehauen, die auch jetzt noch gezeigt wird, -

den 14ten in Glandorf, ein Flecken, Nachtquartier gehabt, dass schlechteste Quartier auf den ganzen Marsch gehabt. Hier ging viel Hannöversches Belagerungs-geschütz vorwärts nach Frankreich durch.

den 15ten ein Städtchen passiert, welches am Ufer eines hohen Berges liegt und endlich in das hochgepriesene Osnabrück angekommen. Die Stadt selbst ist ziemlich groß, man zählt ungefähr 1.000 Häuser und etwas über 10.000 Einwohner, die Stadt ist nicht übel. Man kann außerhalb der Stadt Lustpartie machen z.B. auf Moskau und einige andere Gärten.

Ich kam in die Krahnstraße No. 40 bei Herrn Abecken einen verwitweten sich noch in den besten Jahren befindenden Kaufmann /: ein sehr guter lieber Mann :/ gut Quartier.

======

Noch nie habe ich eine Stadt getroffen von der Größe von Osnabrück, so eine Unzahl von schönen Mädchen und Weibern – denn man kann rechnen das unter Dreien eine Schöne ist. Hässliche sieht man sehr wenig, ausgezeichnete Schönheit häufig. – Es ist hier eine strenge Polizei, daher die guten Sitten, - nicht wie an anderen Orten verdorben. Öffentliche Freudenhäuser sind hier nicht, und über heimliche wacht die Polizei

======

den 31ᵗᵉⁿ morgen marschiere ich mit einem Detachement Rekonvaleszenten was ich unter mein Kommando habe über Paderborn, Kassel, Frankfurt nach Mainz dem Korps nach.

Mein Kommando besteht in 2 Unteroffizieren 24 Mann von verschiedenen Regimentern und Bataillons.

So wär ich denn endlich wieder einmal, bis auf einige Steifheit in den Gelenken, hergestellt um ohne einen Rückfall zu befürchten zu meinem Regiment abgehen zu können. Ich freue mich wie ein Kind, nun endlich bald wieder zu meinem Regiment rückkehren zu können. Gott gebe, dass ich lange so froh und immer gesund bleiben möge.

Neun Monat war ich krank!!!!!! –

August 1815

den 1ˢᵗᵉⁿ nach Dissen gekommen, bei den Herrn Friedensrichter und jetzt Amts Advokat Lasius auf den Marienhof gelegen, gut Quartier

den 2ᵗᵉⁿ gingen wir am Fuße der Burg Rabensberg vorbei, kamen nach Bielefeld ins preußische. Die Burg Sparenberg mit den Junker Kuhn von Ulanen Regiment besehen, von wo aus man eine sehr schöne Aussicht hat. Die Burg ist noch von einigen Leuten die ein Gnadengehalt bekommen bewohnt.

Beim Herrn Hauptmann Harkel gelegen, gut Quartier. Es wurden weil Anstalten getroffen um den Geburtstag des Königs von Preußen zu feiern.

den 3ten in ein Dorf nach Neuenkirchen gekommen viel Wald und lauter Sandwege. Zum Juden Eltzbacher gekommen, gut Leute und gut Quartier. Vater und Mutter war uns B... Des Abends mit der schönen Tochter des Hauses auf einen Ball in ein nahegelegenes Städtchen gefahren, früh ½ 6 Uhr des anderen Morgen wieder zurück gekommen.

Die Tochter hieß Rosalia.

den 4ten in das Städtchen Rohden bei Warburg gelegen, ich lag beim dasigen Förster. Dieser Ort gehört dem Fürsten von Waldeck und Arholtzen zwei Stunden davon ist die Residenz dieses Fürsten. Mein Wirt hieß Guthmann.

den 5ten durch das Städtchen Neuhausen nach Paderborn gekommen, beim Herrn Montell gelegen. Der Damm wurde repariert weil er im Winter durch Brand litt. – Das Wetter schlug um.

den 6ten in Kassel bei Herrn Rat Rüppel auf der Frankfurter Straße No. 15 in Quartier gelegen, sehr gut.

den 7ten Rasttag. Schon gestern fing es an fürchterlich zu regnen, und heute war es eben so, so dass ich in meinen Vornehmen, Wilhelms Höhe zu sehen gestört ward. Habe also nichts als die an manchen Flecken sehr schön gebaute Stadt gesehen.

War vor dem Leipziger, wo man eine steinerne Brücke über die Fulda passieren muss. Überdies war ich noch in der kleinen Aue spazieren.

den 8ten nach Fritzlar gekommen, beim Herrn Inspektor Lambert gelegen. Der Kommandant war ein ehemaliger Obrist Namens Würtken, von hier schöne Aussicht links in Gebirge

den 9ten mit dem Transport nach dem Dorfe Schiffelsberg.

den 10ten nach Marburg zu den Herrn Superintendenten und Profoß der Justiz ins Quartier gekommen, gute artige Leute

den 11ten Rasttag, auf dem Schloss gewesen, von wo man Umelburg sehen kann. Die alte Burg zu Marburg ist an manchen Stellen noch sehr schön, das Innere zu besehen hatte ich nicht Gelegenheit. Die Aussicht von verschiedenen Seiten der Burg ist sehr romantisch und schön

den 12ten bei der Stadt Gießen links vorbei und nach 2 Stunden links seitwärts in das Dorf Garbendeich eingetroffen, woselbst übernachtet. – Auf den Weg nach Gießen von der Chaussee links die Feste Staufenberg, so dann Fetzburg und Gleiberg. Eine halbe Stunde vor Garbendorf links auf einem hohen Berge liegt Schiffenberg

den 13ten nach Friedberg, dasselbe bildet ein Viereck auf einen ebenfalls so gebildeten Felsberge. Ich kam zum Bürgermeister Vogel ins Quartier

den 14ᵗᵉⁿ in Frankfurt angelangt, beim Rittmeister Hasenclever gelegen auf der Führgasse in No. 154 an der Brücke. – Zusammentreffen mit dem Ltn. von Przygrodzky, der Unglückliche -

den 15ᵗᵉⁿ durch Darmstadt, von wo aus nach Eberstadt ein Dorf verlegt worden, es ist eine gute Stunde von eben genannter Residenz auf der Chaussee nach Heppenheim zu. Die Umgebung von Darmstadt nach Frankfurt zu, ist schön, vorzüglich angenehm machen es die schönen Gärten von dieser Seite.

den 16ᵗᵉⁿ Rasttag. Auf dem Frankenstein gewesen, dies ist eine alte Feste, welche jetzt von einem Förster bewohnt wird. Die Aussicht von hier ist einzig schön, vermöge dessen weil diese Burg erstaunend hoch liegt. Man sieht von dieser Burg Darmstadt, Frankfurt, Oppenheim und Mainz, woselbst man auch den Rhein und Main sehr deutlich sieht, selbst den Münster von Worms und Stadt Heppenheim sah man heute bei so hellen schönen Wetter sehr gut.

In Gesellschaft des Ltn. von Przygrodzky und Fahnjunker Kühn vom Ulanen Regiment hatte ich diesen Spaziergang unternommen, in der Hoffnung durch ein gut Glas Bier oder Wein von den freundlichen Förster erquickt zu werden, allein die Burg war leer, und nur die noch unerwachsene Tochter und eine Magd befanden sich zu Hause, aber auch diese beiden Geschöpfe waren nicht vermögend unseren Durst zu löschen etwas beizutragen, in dem des Försters Wohnhaus worin sich auch das verwahrte Quellwasser befand verschlossen war.

Nachdem wir uns satt um gesehen, traten wir unseren Rückweg an, und fanden zu unserer größten Freude was wir beim herauf gehen nicht bemerkt, sehr viel Brombeersträucher, die so voll reifer Beeren hingen das unser unglücklicher Durst ziemlich gestillt ward.

den 17ten nach Heppenheim gekommen, ein Teil des Transports ward auf ein Dorf detachiert. Auf der Starkenburg gewesen. Diese Burg soll nie von Feinden eingenommen worden sein. Schlecht Quartier.

den 18ten Weinheim passiert und nach Heidelberg ins Quartier gekommen. Das Schloss und Schlossgarten besehen, so wie auch das berühmte Heidelberger Weinfass, was ich jedoch nichts weniger als schön wo vor es bekannt sondern als einen Holzklumpen gefunden, auch schien es mir bei weitem noch nicht so groß als das Königsteiner in Sachsen.

Das Schloss muss einmal wunderschön gewesen sein, der Garten ist recht hübsch, er liegt vorzüglich angenehm, dann zu seinem Fuß der Neckarfluss. Der Stadt zu gegenüber sind ungeheure Berge und Felsen, überhaupt zeugt sich das Neckartal vorzüglich schön. Die Studenten gingen hier wie die käntschen Hanswürste mit offener Brust und langen Haaren.

den 19ten nach den Dorf Zautern detachiert, nach dem ich die Station Wiesloch übergangen und von der Stadt Bruchsal aus nach Zeutern verlegt worden. In einem Gasthof einquartiert worden, gute Leute, eine schöne Frau Wirtin und Wirt in Schwester.

den 20ten Rasttag gehalten. Beide Abende auf dem Anstand gewesen, den ersten Abend einen und den zweiten zwei Hasen geschossen, und einen ganz jungen Fuchs ließ ich laufen. Hier waren wir recht vergnügt. –

den 21ten Durlach passiert, nachdem wir vorher durch Bruchsal gegangen. Nach Grünenwettersbach bei Durlach tief im Gebirge ins Quartier gekommen, leidlich Quartier. Einen Hasen geschossen und Abends auf dem Anstand einen ziemlich starken Hirsch angeschossen.

den 22ten durch Rastatt, vorher aber gewiss 2 ½ Stunden lang eine wahre Wüstenei passiert. Nach Wintersdorf, ein am alten Rhein liegendes Dorf und 1 Stunde vom wirklichen Rheinstrom ins Quartier gekommen. Ich ritt denselben Tag noch wieder nach Rastatt und auf dem Rückweg badete ich in dem an der Straße nach einem Dorf befindlichen Bade, an einen kleinen Flüsschen gelegen, welches ich passieren musste. Rastatt selbst ist recht nett gebaut und von mittlerer Größe, die Gassen sehr regelmäßig. – Die Stadt ist 1 ½ Stunden von Wintersdorf entfernt.

den 23ten bei Fort Louis über den Rhein gegangen, welcher hier ganz erstaunend breit und reißend war, viel Rheininseln passiert, dass geschleifte Fort Louis gesehen, welches ganz in die Armee des Rheins eingeschlossen ist, auch muss es sehr schwer gefallen haben an das Fort zu kommen, weil es ziemlich fest, und ganz gemauert gewesen zu sein scheint und von der Seite nach Deutschland mit unglaublich tiefen Wassergräben und bodenlosen Morästen umgeben, und nur ein einziger Weg, der aber noch durch eine ganze Menge, zwar nicht breiter aber doch tiefer Gräben und darüber gehenden Brücken von Holz unterbrochen wird. Von der fränkischen Seite ist es ebenfalls noch durch mehrere Arme des Rheins getrennt.

Unser Weg führte uns von hier nach Reschwog, einem kleinen nicht breit aber langen Marktflecken, von wo aus ich noch eine Stunde weiter nach dem Flecken Soufflenheim marschierte, daselbst Mittag machte und dann nach Hagenau einer hübschen Stadt weiter ging. Doch auch von hier aus ward ich detachiert nach dem Städtchen Bischweiler, hier selbst ein gut Quartier für die Leute und mich fand. Hier hatte ich also das erste Nachtquartier im feindlichen Land.

den 24ten durch das Dorf marschiert, wo das Hauptquartier des Blockade Korps von Straßburg lag. Der Ort hieß Brumaht. Nach Hochfeld gekommen und Nachtquartier gehalten

den 25ten auf dem Weg nach Wasslenheim sahe man rechts die Ruinen einer alten Feste bei Saverne und links den Münster von Straßburg. Wir kamen nach Wasslenheim ins Quartier und ich zum Apotheker Geissler. Hier hatte ich ein Quartier wie ich es auf dem ganzen Marsch noch nicht so gut gehabt. Die älteste Tochter des Herrn Geissler, ist ein Mädchen wie es nur eine solche vollkommene Schönheit von 17 Jahren schönen Wuchs und allen möglichen Reizen ausstaffiert, in der die Herzensgüte aus den Augen sprach, nur eine geben kann. Sie hatte eine feine Erziehung gehabt, auch lässt sich das von einen Mann wie ihr Vater vermuten. Der älteste Sohn war Premierleutnant bei der Garde

Nationale und hatte eine Zeit in Schlettstadt und dann in Straßburg gestanden. Als aber alle Nationalgarden freien Abzug aus den Festungen erhielten ist auch er in seine Heimat gegangen.

den 26ten Rasttag. Sehr gut amüsiert, gebadet mit dem Estandart Junker Kühn. Mit den Sohn meines Herrn Wirt spazieren gegangen.

den 27ten über die Städte Molzheim und Obernheim nach Dambach gekommen woselbst Nachtquartier gehabt, schlecht Quartier

den 28ten nach Collmar an den Ort meiner Bestimmung angelangt. Alles war zur Revue, so die Prinzen Friedrich August und Clemens von Sachsen über das sächsische Korps hielten. Ich sah beide Prinzen diesen Tag noch als sie von der Revue zurück kehrten, so wie auch den Herzog von Sachsen Coburg.

Mit Genehmigung Sr. Exzellenz des kommandierenden General Leutnant von Lecoq hielt ich Rasttag hier, er war so gnädig gegen mich. – Unter andern frug er mich ob man sich in Osnabrück noch des Sächsischen Korps mit Liebe erinnere, - und er erkundigte sich nach meinen Befinden sehr angelegentlichst.

Bei meinen Bruder Max traf ich den Bruder Fritz und auch Ltn. von Wiedersheim der jetzt beim Husaren Regiment steht.

Hier erfuhr ich denn auch endlich meine Anstellung nämlich: das ich als diensttuender Premierleutnant zum Reserve Infanterie Regiment angestellt sei, und erhielt auch das Traktament als solcher, jedoch kein Patent.

den 29ᵗᵉⁿ Rasttag. Auf dem Marsch nach Collmar von Damsbach aus, präsentieren sich gewiss gegen 12 alte Ritterburgen und Kloster, die zum Teil sehr schön liegen und auch schön gewesen sein müssen. Überhaupt sieht man von Wasslenheim aus an der zur rechten liegenden Bergkette nach Collmar eine Burg und Kloster an das andere. Der Anblick dieser Ruinen ist einzig.

den 30ᵗᵉⁿ nach Marckolsheim zu meinen Regiments Stab gegangen und mich gemeldet. Ich traf hier von Schwarzbach als Regiments Adjutant. Erfuhr ich sei zum 2ᵗᵉⁿ Bataillon als Kommandant der 6ᵗᵉⁿ Kompanie versetzt, ging also mit von Rohrscheidt, der Adjutant des 2ᵗᵉⁿ Bataillons ist, nach Sandhausen zum Bataillons Stab, der Kommandant davon war der Herr Major von Hartitzsch, der damals noch Hauptmann war. Von hier ging ich über Sassenheim wo der Herr Hauptmann von Angermann kantonierte und gab sogleich die 2 Louis d'Or so mir Wiedersheim gegeben ab, und kam endlich nach ¾ Stunde wohlbehalten in Schoenau zu meiner Kompanie.

Die Herrn Offiziers so dabei standen waren: Sousltn. Canzler so während der Zeit als ich krank war also seit den 1ᵗᵉⁿ August 1815 solange ich nämlich zu diesem Regiment versetzt bin, diese Kompanie kommandierte. Ferner standen der Sousltn. von Ludewig dabei, jedoch nur einstweilen, und ging sobald ich kam wieder zur 8ten Kompanie die der Herr Hauptmann von Tettau kommandierte. Der dritte Offizier war der Sousltn. von Rottenburg.

Einige Tage nach meiner Ankunft hielt ich um eine Ration an, welche mir auch von Seiten des Herrn General Leutnant von Lecoq bewilligt ward.

Die Leute der Kompanie schienen Freude zu haben, einen andern Offizier zum Kompanie Kommandant zu bekommen, weil der Ltn. Canzler hier und da Leute protegierte und andere hingegen schikanierte und tyrannisierte. Einige Leute die mich schon von 1814 her kannten, indem ich mit sie beim 2ten Niederlausitzer Landwehr Bataillon und bei eine Kompanie gestanden hatte, wussten wie milde und menschenfreundlich ich da meine Untergebenen behandelte – irrten sich also nicht wenn sie ihren Kameraden sagten: nur ruhig, kommt nur der Ltn. von Dallwitz erst zu uns, so wird es auch besser werden.

Abgerechnet des Tags hier zweimal exerziert ward, lebten wir hier recht vergnügt und angenehm. Die drei Offiziers lagen alle bei einen Bauern im Quartier, wo es an nichts fehlen durfte was Lebensmittel betraf, und fehlte einmal ein Braten, so ging ich auf den Anstand, und schoss einen Hasen deren es hier in Menge gab, auch Fasanen und Hühner gab es hier. Gebadet ward fast täglich im Rhein, dazumal das Dorf unmittelbar am Rhein lag, wir badeten für uns und nicht selten mit der ganzen Kompanie. Auf den Rheininseln die hier von der größten Breite und Länge von mehr als 1 ½ Stunden waren gab es Rehe, Schweine, Hirsche, Fasanen und Füchse in Menge; letztere sah ich alle Tage auf dem Anstand, schoss aber keinen, weil der Pelz in dieser Jahreszeit nicht zu gebrauchen. –

Der Wein und die Weintrauben durften nicht ausgehen, so wie auch immer Pflaumenkuchen da sein musste, die unsere nörgeliche Frau Wirtin immer backen musste, und kamen Offiziere von andere Dörfer um mich zu besuchen, so wurden oft im ganzen den Tag über 16 bis 20 Boutellin Wein getrunken, und dies musste schlechterdings 1811er sein.

September 1815

den 8ten hatten das Regiment bei dem Dorfe Marckolsheim eine Revue vor dem Herrn General Major von Nostitz, wo einige Leute und auch ein Sergeant an die Linie abgegeben wurden.

Von hier ging ich denn wir hörten es würde unser Regiment schon übermorgen nach Sachsen zurück marschieren, so ward ich gleich nach Collmar zu meinem Bruder um Abschied zu nehmen. Blieb über Nacht bei ihm, und ging mit Etappenfuhre wieder in mein 6 Stunden weites Kantonnements Quartier, wo ich eine Stunde von meinem Dorfe erfuhr, der Ltn. von Mühler ein Vetter, sei bei einem Offizier hier auf Besuch. Ich ließ ihm sagen er möchte doch auch mich besuchen, für seinen Rückweg würde ich schon sorgen.

Ich ging diesen letzten Abend noch auf den Anstand, und hatte noch das Glück 2 Hasen zu erlegen, und als ich nach Hause kam traf ich von Mühlen, den ich mit auf die Jagd hatte nehmen wollen. Ich hatte also Braten auf die Reise zum morgenden Tag. –

Der gute Mühlen blieb bei mir, wir tranken die halbe Nacht durch und gingen alsdann zu Bett.

den 10ten früh gegen ½ 6 Uhr abmarschiert. Ich hatte für Mühlen einen Wagen besorgt, und so trennten wir uns nachdem wir eine halbe Stunde zusammen marschiert waren; er fuhr links und ich ging mit der Kompanie rechts nach Sassenheim zu ab, wo das Rendezvous des Bataillons war.

ଓ ✴ ଓ

Anlage 1

Befehl vom 5ten Januar 1814

Die Mannschaften der 4n Kolonne treffen morgen Nachmittag um 2 Uhr hier in Bialystock ein, und versammeln sich vor meinem Quartier, worauf ihnen dann ihre Quartiere angewiesen werden sollen. Die näher liegenden haben die entfernten, deren Wege über ihre Kantonierungen gehen, abzuwarten, damit die Detachements so stark als möglich hier eintreffen, jedoch braucht niemand deswegen umzugehen.

Wilhelm Keck von Schwarzbach
Sousleutnant

Anlage 2

Delogierung

Wie sie den 13ten Mai (1812) von den Linien Infanterie Regiment von Niesemeuschel bezogen werden sollen

1te Komp.   Smorso, Ranzanow, Wolla Karolska, Sachatzew, Pugna

2te Komp.   Holschobe, Masky, Schmionza, Ulasky, Stamirowsky, Paprotna

3te Komp.   Ratoschim, Czarnocin, Gelky, Mlodinie

4te Komp. Brantza   Pirschmia, Jacobow, Riki, Chrusikow,

5te Komp. Blasnow   Sucha, Stawischin, Kanim, Jaschina,

6te Komp.   Biablsbrzegi, Brzice

7te Komp.   Wirschmeritz, Wolka, Redlin, Koschin

8te Komp.   Wirschmeritz, Witaschin, Garki

1ster Stab   Grzmiga und Gurki

2ter Stab   Koschekow

An Herrn Ltn. von Dallwitz

An Herrn Ltn. von Tettenborn

Anlage 3

Marschroute

Knischin	21 Werst	Cekow	21 Werst
Tikotschin	14	Kalisch	20
Menzerin	24 ½	Ostrowa	3 ¼ Meilen
Lomza	28	Salmerschitz	
Miastkowo	17 ½	Melitzsch	3
Ostrolenka	17 ½	Winzig	3
Roszan	24	Steinau	2
Pultusk	28	Lüben	2
Kona	28	Haynau	3
Zalkowo	15 ½	Bunzlau	3 ¾
Plotsk	17	Waldau	3
Kosdin	22	Görlitz	3
Lanienka	16	Rotkretscham	3
Dombrowizi	17	Bautzen	3
Klodawa	15	Schmiedefeld	3 ½
Grzegowzow	15	Dresden	3
Turk	13	nach Leipzig	

37 Märsche nach Dresden und 105 ¼ Meilen zusammen.

Liste der im Text erwähnten sächsischen Offiziere

Allmer, Paul Ludwig Salomon, Sousleutnant (22.10.1809) im Regiment König

Angermann, Carl Heinrich, Capitän (21.09.1809) 1815 im Landwehr-Reserve-Regiment

Aster, Friedrich Ernst, Sousleutnant (08.04.1808) im Regiment Prinz Max / Brigadeadjutant Brig. Klengel

Bärenstein, Reinhold von, Premierleutnant (04.04.1810) im Regiment Ulanen

Bevilaqua, Friedrich August, Major (27.09.1811) im Regiment König

Bose, Carl Friedrich von, Capitän (07.01.1807) im Regiment Niesemeuschel

Brandenstein, Friedrich Wilhelm von, Sousleutnant (25.04.1810) im Regiment Niesemeuschel

Brochowski, Aloisius Friedrich von, Capitän (31.05.1810) im Regiment Niesemeuschel

Bünau, Günther Graf von, Major (09.03.1810) im Regiment Niesemeuschel

Buschbeck, Carl Eduard, Sousleutnant (30.04.1810) im Regiment Niesemeuschel

Canzler, Quirin Richard Stanislaus, Sousleutnant (06.08.1813) 1815 im Landwehr-Reserve-Regiment

Dallwitz, Johann Thim **Maxi**milian von, Capitän (28.11.1810) im Regiment Niesemeuschel

Dallwitz, Carl **Otto** von, Sousleutnant (20.10.1809) im Regiment Niesemeuschel

Daßdorf, Friedrich Wilhelm, Sousleutnant (19.07.1811) im Regiment Niesemeuschel

Elterlein, Carl Alexander von, Premierleutnant (06.03.1811) im Regiment Niesemeuschel

Engel, Carl August Maximilian von, Sousleutnant (27.12.1809) im Regiment Ulanen

Georgi, Christoph Andreas, Regiments-Chirurg (21.12.1807) im Regiment Niesemeuschel

Gersdorf, Adolph Heinrich von, Capitän (26.09.1811) im Regiment König

Glaßer, Ernst Rudolph Wilhelm von, Premierleutnant (14.01.1807) im Regiment Niesemeuschel

Glowacky, Johann von, Sousleutnant (19.03.1810) im Artilleriekorps (Regimentsartillerie Niesemeuschel)

Göphardt, Carl Leopold von, Oberst (20.10.1809) und Kommandant Regiment König

Gräfe, Friedrich Heinrich, Sousleutnant (15.06.1810) im Artilleriekorps

Gutschmid, Christoph Siegmund Freiherr von, Generalleutnant (23.02.1810)

Hann, Gottlieb Heinrich, Capitän (02.04.1810) im Regiment Ulanen

Hartitzsch, Siegmund Heinrich Caspar von, aggr. Major (08.09.1815) im Landwehr-Reserve-Regiment

Heinecken, Ernst Rudolph von, Sousleutnant (16.03.1810) in 1sten leichten Regiment

Heintz, Friedrich Leopold von, Sousleutnant (18.10.1807) im Regiment Rechten / Brigadeadjutant Brig. Klengel

Heymann, Carl Ernst, Capitän (23.11.1811) im Regiment Ulanen

Hille, Friedrich Wilhelm, Premierleutnant (19.07.1811) im Regiment König

Kaiser, Gustav Adolph; Premierleutnant (19.03.1810) im Artilleriekorps (Regimentsartillerie König)

Klengel, Heinrich Chistian Magnus von, Generalmajor (20.02.1810)

Köckritz, Wilhelm Heinrich von, Major (22.01.1813) im Regiment Anton

Krafft, Carl Ludwig Bodo von, Major (23.07.1813) (1815 im Linien-Depot-Bataillon)

Kyaw, Carl Rudolph Leopold von, Capitän (10.10.1809) im Regiment Niesemeuschel

Leysser, August Wilhelm Friedrich von, Oberst (05.07.1812) und Generaladjutant

Linsingen, Christian Carl Freiherr von, Capitän (07.02.1811) im Regiment Niesemeuschel

Low, Carl von, Premierleutnant (24.08.1809) im Regiment Niesemeuschel

Ludwig, Gustav Adolph von, Sousleutnant (14.07.1815) im Landwehr-Reserve-Regiment

Metzradt, Heinrich Ludwig Adolph von, Capitän (02.06.1809) im Regiment Niesemeuschel

Metzsch, Friedrich Heinrich August von, Sousleutnant (07.03.1810) im Regiment Anton

Mühlen, Leopold Friedrich Daspar von, Sousleutnant (06.02.1813) 1815 im 2ten Linien-Regiment

Nostitz, Adolph von, Sousleutnant (17.08.1809) im Regiment Niesemeuschel

Oppel, Carl Friedrich Gustav von, Sousleutnant (24.03.1812) im Regiment Ulanen

Planitz, Carl Alexander Ferdinand Edler von der, Premierleutnant (26.09.1811) im Regiment König

Planitz, Carl Julius Gottlob Edler von der, Premierleutnant (19.10.1809) im Regiment König

Polenz, Heinrich Christian von, Sousleutnant (07.09.1811) im Regiment Niesemeuschel

Richter, Johann Traugott Joseph, Sousleutnant (03.05.1810) im Regiment Niesemeuschel

Rockhausen, Carl Adolph von, Sousleutnant (25.03.1810) im Regiment Prinz Clemens

Rohrscheid, Friedrich Moritz von, Sousleutnant (23.04.1810) 1815 im Landwehr-Reserve-Regiment

Rottenburg, Julius Alexander von, Sousleutnant (18.08.1815) im Landwehr-Reserve-Regiment

Sahr, Dietrich August Sahrer von, Capitän (08.03.1813) im Regiment Niesemeuschel

Salza und Lichtenau, Friedrich von, Sousleutnant (09.09.1811) im Regiment Ulanen

Schäffer, Carl August Moritz, Premierleutnant (09.12.1812) im Artilleriekorps

Schieck, Johann Ernst Göphardt von, Sousleutnant (04.05.1810) im Regiment Niesemeuschel

Schlieben, Caspar Christoph von, Major (25.05.1809) im Regiment Niesemeuschel

Schulze, Moritz, Sousleutnant (07.11.1811) im 2ten leichten Regiment

Schwarzbach, Wilhelm August Keck von, Sousleutnant (17.03.1810) im Regiment Niesemeuschel

Sichart, Andreas Gottfried von, Major (26.01.1809) (1815 im Landwehr-Depot-Bataillon)

Stünzner, August Wilhelm, Major (29.05.1810 und Adjoint im Generalstab

Tann, Carl August Friedrich Wilhelm von der, Capitän (06.02.1811) im Regiment Niesemeuschel

Taubenheim, Ludwig August Ehrenfried von, Major (12.07.1813) 1815 im Regiment Johann Husaren

Tettau, Otto Gotthelf von, Capitän (05.05.1809) 1815 im Landwehr-Reserve-Regiment

Tettenborn, Carl Wilhelm von, Sousleutnant (06.09.1811) im Regiment Niesemeuschel

Tod, Johann Friedrich, Sousleutnant (20.07.1811) im Regiment König

Vogel, George Friedrich, Oberst (14.12.1808) und Kommandant Regiment Niesemeuschel

Wehrmann, Friedrich Adolph, Regiments-Chirurg (05.01.1810) im Regiment König

Wietersheim, Gustav Alfred von, Sousleutnant (17.01.1811) 1815 im Regiment Johann Husaren

Winckel, Carl Leopold aus dem, Sousleutnant (31.01.1810) im Regiment Anton

Zeschau, Carl Heinrich von, Sousleutnant (04.03.1810) im Regiment Anton

Zezschwitz, Friedrich Wilhelm von, Sousleutnant (02.04.1810) im Regiment Niesemeuschel

Zezschwitz, Johann Adolph von, Oberst (06.07.1812) und Kommandant Regiment Ulanen

Diese Auflistung ist nicht vollständig, da die Zuordnung für 1814 aufgrund der nicht erschienen Stamm- und Rangliste der Armee nicht vorgenommen werden kann. Die für 1814 vorhandenen Listen sind wegen der oft nur abgekürzten, unvollständigen und/oder nicht mit angegebenen Vornamen zu ungenau, um eindeutige Zuordnungen vornehmen zu können.

1.

Tagebuch

der

Brigade von Mellentin

vom

14^n Mai bis zum 22^n Septbr. 1813

geführt durch den

Brigade-Adjutant v.Goephardt

Capitaine

Abb. 05   Umgebung von Görlitz (Weiland)

14^n Mai 1813

Die 1te Brigade der mit dem 7^n Korps der Französischen
Armee vereinigten Sächsischen Division, bestehend aus:

dem Jägerkorps	153 Mann
dem leichten Batl. Lecoq	518 Mann
dem 1^n Batl. Garde	610 Mann
und dem 3^n provisorischen Regiment, nehmlich	
Bataillon Prinz Friedrich u.	653 Mann
Bataillon von Steindel	723 Mann
Summa	2657 Mann

Welche bisher der Generalmajor von Steindel
kommandiert hatte, war den 13^n Mai aus Torgau in das
Lager bei Werda gerückt und marschierte unter
Kommando des Obersten von Mellentin mit dem 7^n
Korps bis Annaburg, wo das ganze Korps bivouakierte.

Gegen 200 Mann waren von der Brigade teils krank, teils
im Depot in Torgau zurückgeblieben, so dass der
wirkliche Bestand der Brigade nur 2.457 Mann war.

15^n Mai

Rasttag in Annaburg.

16^n Mai

Bivouac bei Dahme

17^n Mai

Bivouac bei Luckau, den **18^n** Rast.

19^n Mai

Bivouac bei Altdoebern

20^n Mai

Bivouac bei Hoyerswerda

21^n Mai

wurde die Straße nach Bautzen eingeschlagen, bei Hermsdorff, wo Tages zuvor ein Vorpostengefecht gewesen war, wurde mehrere Stunden gehalten und dann von der Straße nach Bautzen links abgegangen. Nachmittags 5 Uhr Ankunft bei der großen Armee auf dem Schlachtfelde zwischen Bautzen und Wurschen. Die Brigade stand bald im Kanonenfeuer. Der Feind wich auf der Straße nach Görlitz zurück und wurde bis 10 Uhr Abends verfolgt.

Bivouac bei Noechern ohnweit Hochkirch.

22^n Mai

wurde die Brigade früh im Bivouac von den Höhen von Kotitz beschossen, der Feind jedoch abermals zum Weichen gebracht und über Weissenberg verfolgt. Bei Reichenbach kam es zu einer sehr lebhaften Affaire. Das Bataillon Garde besetzte Reichenbach, Zwei Kompagnien vom Batl. Friedrich blieben unter Kommando des Major v.Brand als Replie hinter Reichenbach, und der übrige Theil der Brigade formierte jenseits ein Quarrée. Der Feind wich und wurde tiraillierend bis Markersdorf und Holtendorf auf der Straße nach Goerlitz verfolgt.

Das Jägerkorps und das Batl. Lecoq wurden zum Tiraillieren vorgeschickt.

Bivouac bei Markersdorf

23^n Mai

Jenseits Goerlitz bei dem Dorfe Leopoldshayn leistete der Feind mit einigen Batterien lebhaften Widerstand, wurde aber bis Trotschdorf – nach Lauban zu – zurück gedrängt. Die Jäger und das Batl. Lecoq tiraillierten durch den Wald von Leopoldshayn bis Trotschendorf.

Bivouac bei Trotschendorf.

24n Mai

Bivouac bei Naumburg am Queis

25^n Mai

Bivouac bei Neujäschwitz ohnweit Bunzlau.

26^n Mai

Bivouac bei Steinsdorf ohnweit Hainau

27^n Mai

Bivouac bei Liegnitz, den 28^n Rast bei Liegnitz

29^n Mai

Aufbruch von Liegnitz, bei Kloster Wahlstadt mehrere Stunden gehalten und Bivouac bei Berndorf zwischen Liegnitz und Neumarkt.

30^n Mai

Bivouac bei Titzdorf bei Neumarkt

31^n Mai

Marsch über Leuthen, Abends Gefecht an der Weißritz, die sächs. Infanterie kam jedoch nicht ins Feuer.

Bivouac bei Arnoldsmühl an der Weißritz — Schweidnitzer und Strigauer Wasser.

1^n Juni

Früh 11 Uhr marschierte der General v.Mellentin mit der Kavallerie des Sächs. Korps, einer halben Batterie, dem Jägerkorps, dem Bataillon Garde und v.Lecoq über Gohlau nach Puschwitz — um von da nach Canth zu rekognoszieren — und brach Abends 6 Uhr nach erhaltener Ordre von da wieder auf, um nach Arnoldsmühl zurück zu marschieren. Unterwegs kam Contreordre und das ganze 7^e Korps an.

Bivouac bei Puschwitz 6 Tage

Nachts wurde das Aufhören der Feindseligkeiten befohlen. — Waffenstillstand auf 40 Tage

6^n Juni

Ordre zum Rückmarsch nach Görlitz

7^n Juni

Marsch über Ober-Moys und Bivouac bei Eisendorf

8^n Juni

Bivouac bei Jauer.

9^n Juni

Die Brigade wurde in Hermsdorf bei Goldberg einquartiert.

10^n Juni

Die Brigade wurde in Niederkunzendorf bei Löwenberg einquartiert.

11^n Juni

Cantonnirung bei Lauban.

Jägerkorps	Winschendorf
Batl. Lecoq und Garde	Geibdorf
General Mellentin u. 3tes Regiment	Niederlichtenau

14^n Juni

Veränderte Cantonnirung

Btl. v.Steindel	Ratmeritz
Btl. Friedrich	Wendisch-Ossig u. Gosma
Btl. Lecoq	Lomnitz, Buhra, Wilke, Wansche
Btl. Garde	Kuhna u. Tilitz
Jägerkorps	Lauban u. Winschendorf

20^n Juni

Die 1ste u. 2te Division v. Steindel rückte aus Ratmeritz nach Reitnitz u. Nide

22^n Juni

Bezog das ganze Korps ein Lager bei Ober-Moys bei Görlitz.

Hauptquartier des Gen.Ltn. v.Sahr in Ober-Moys

Brigadequartier des Gen.Maj. v.Melletin in Hermsdorf.

19ⁿ Juli

bezog das Btl. Garde Kantonnierungsquartiere und zwar

Stab, 2te u. 3te Komp.   Görlitz

1ste Komp.   Kunnersdorf

4te Komp.   Ludwigsdorf

Die von Torgau angekommenen Bataillone König unter dem Major v.Metzradt und Niesemeuschel unter dem Major v.Bose trafen im Lager bei Moys ein und wurden zur 1sten Brigade geteilt.

20ⁿ Juli

Rückte das Jägerkorps von Lauban nach Görlitz, und erhielt den Premierleutnant v.Zychlinski vom 2ten leichten Infanterie-Regiment zum Kommandanten.

Im August

Kam der kommandierende Herr Generalleutnant von Lecoq in Torgau an

9ⁿ August

Die Bataillons König und v.Niesemeuschel rückten in Kantonnierung, und zwar:

Btl. König nach Penzig, Lissa, Ober-, Mittel- und Unter-Sohra und Langenau

Btl. Niesemeuschel nach Ober- u. Nieder-Neudorf, Ober- u. Nieder-Zodel, Deschke, Zentendorf, Groß- u. Klein-Krausche, Cunnersdorf, Ober- u. Nieder-Rengersdorf u. Torga.

Das 1ste Grenadier-Bataillon, bestehend aus den Grenadieren von Maximilian, Rechten, Friedrich u.

Steindel unter Kommando des Majors von Spiegel, das neuformierte Bataillon Friedrich unter Kommando des Majors v.Tiling und das ebenfalls neuformierte Bataillon v.Steindel unter Kommando des Majors von Wittern kamen aus Torgau an. Die Bataillons Garde, v.Lecoq, König, Niesemeuschel, so wie das Jägerkorps wurden an die Befehle des Obersten von Brause verwiesen und die Brigade von Mellentin besteht nunmehr aus dem

1sten Grenadier-Bataillon

Linien-Infanterie-Regiment Prinz Friedrich

Linien-Infanterie-Regiment von Steindel.

Der Herr Gen.Leutn. v.Lecoq übernimmt das Kommando der 1sten Sächs. Division (die 24te der großen frz. Armee), zu welcher die Brigade Mellentin gehört. Die 2te Sächs. Infanterie-Division unter Kommando des Herrn Generalleutnant von Sahr ist die 25te der Großen Armee und beide nebst der 32ten oder Division Durutte und nebst dem Sächs. Ulanen- u. Husaren-Regimente bilden das 7^{e} Armeekorps unter dem General Reynier.

10^{n} August

Das 1ste Grenadierbataillon rückt in Kantonierung nach Lauban, Waldau, Schreibersdorff und Hennerdorff von da

13^{n} August

nach Görlitz

14^{n} August

Aufbruch der 1sten Division von und bei Görlitz. Marsch über Ebersbach nach Jenkendorf.

Nachtquartiere

Ge.Ltn. v.Lecoq, Oberster v.Brause,	Creben
Gen.Maj. v.Mellentin	Langenoelse
1tes Grenadierbatl.	See
Rgt. Friedrich	Langenoelse
Rgt. Steindel	Petershayn

15^{n} August

Marsch über Neustadt

Delogierung

Gen.Ltn. v.Lecoq, Oberster v.Brause, Gen.Maj. v.Mellentin	Spremberg
1tes Grenadierbatl.	Spreewitz, Zerre, Schilse
Rgt. Friedrich	Spremberg, Slamen, Trattendorf
Rgt. Steindel	Heinrichsfeld, Roitz, Jessen, Gosda, Pulsberg

16^{n} August

Marsch über Drebkow

Delogierung

Gen.Ltn. v.Lecoq	Oggrosen	
Gen.Maj. v.Mellentin	Reddern	
1tes Grenadierbatl.	Drebkow	
Rgt. Friedrich	Reddern, Göritz	Greifenhayn,
Rgt. Steindel	Ilmersdorf, Siebisch	Koschendorf,

17^n August

Marsch über Kahlau und Luckau.

Delogierung

Gen.Ltn. v.Lecoq	Uckro
Gen.Maj. v.Mellentin	Paserin
1tes Grenadierbatl.	Uckro
Rgt. Friedrich	Paserin
1tes Btl. Rgt. Steindel	Pickel
2tes Btl. Rgt. Steindel	Uckro

18^n August

Marsch über Kemlitz, Gersdorf, Schenkendorf. Bivouac bei Groß-Zischt.

19^n August

Marsch über Kemlitz, Linow. Bivouac bei Schoenefeld an der Preuß. Grenze und den

20^n August

Rasttag daselbst.

21^n August

Die Preuß. Grenze passiert, langer Halt bei Schoeneweide in der Mark und Marsch über Cummersdorf und Gotsdorf. Bivouac bei Christinendorf.

22^n August

Veränderte Position bei Nunsdorf, Gefecht bei Wittstock.

23^n August

Gefecht bei Großbeeren und Rückzug bis über Wittstock.

24ⁿ August

Fortgesetzter Rückzug und Bivouac bei Schoenfeld.

25ⁿ August

Rückzug über Jaenikendorf, Hohenschlenz und Lichterfelde. Bivouac bei Werbig.

26ⁿ August

Rasttag bei Werbig.

27ⁿ August

Marsch gegen Jüterbogk. Ein kleines Russisch-Preußisches Streifkorps verließ die Stadt und wurde zurückgedrängt. Das Sächsische Korps kam nicht zum Gefecht. Langer Halt bei Jüterbogk. Bivouac bei Rohrbeck.

28ⁿ August

Marsch zwischen den Dörfern Dennewitz und Nieder-Gersdorf durch rechts der Wittenberger Straße. Bivouac bei Mellnsdorf.

29ⁿ August

Marsch bis Krobstaedt bei Zahne und Bivouac zwischen Krobstaedt und Marzahne. Die 2te Division und die Kavallerie stand bei Marzahne, ward aber durch einen feindlichen Angriff genötigt, sich auf die Position der 1ten Division bei Krobstaedt zurückzuziehen. Zur Deckung des linken Flügels ward der Major von Brand mit dem 1ten Bataillon Friedrich in das vorliegende Gehölz und der Oberst von Seydewitz mit dem Regiment v. Steindel links rückwärts detachiert. Der Major von Brand rückte

Abends wieder im Lager ein, desgleichen der Major von Larisch mit dem 2ten Bataillon v.Steindel, das 1te Bataillon v.Steindel aber blieb links rückwärts auf dem Wege nach Bohsdorf.

30^{n} August

Rückte dieses Bataillon gegen Wettin vor, die ganze Brigade aber bezog den Bivouac bei der Schäferei von Krobstaedt links an der Straße nach Wettin.

1^{n} September

Das Sächs. Korps veränderte seine Stellung und zog sich mehr links gegen Jahmo und Grabo.

Die Brigade Mellentin blieb stehen, das 1ste Bataillon Steindel wurde durch das 1ste Grenadier-Bataillon abgelöst. Die verlassene Stellung des Sächs. Korps mit Ausnahme der Brigade Mellentin ward von Abteilungen des 4^{n} und 12^{n} Armee-Korps besetzt.

2^{n} September

Die Brigade rückte in Position bei Jahmo, das 1ste Bataillon Steindel besetzte dieses Dorf, das Grenadier-Bataillon blieb auf Vorposten bei Wettin stehen.

3^{n} September

Früh 3 Uhr abmarschiert über Mochau, und bei Dobien zwischen Schmilkendorf und Teuchel rückte das 4^{e}, 7^{e} und 12^{e} Korps in eine Position, die einen Halbkreis von ohngefähr 1 Stunde um Wittenberg bildete.

Das Grenadier-Bataillon machte auf dem Marsch die Arriergarde des Korps, und wurde bei seinem Eintreffen in 2ter Linie aufgestellt. Das 2te Bataillon Friedrich rückte auf Feldwache.

Es erfolgten mehrere feindliche Angriffe, das 1ste Bataillon Friedrich und 1ste Bataillon Steindel rückten zur Unterstützung der 2ten Division gegen Schmilkendorf vor und Abends wieder ins Lager.

Es wurden Verschanzungen angelegt.

4^{n} September

Mittags 12 Uhr Revue vor dem Marschall Ney, Herzog von Moskau, der das Oberkommando über das 4^{e}, 7^{e} und 12^{e} Armeekorps übernahm.

Das 1ste Bataillon Friedrich löste das 2te auf Feldwache ab, das 2te Bataillon Steindel rückte gegen Abend zum Soutien der Vorposten vor.

5^{n} September

Marsch über Bülzig, Gefecht bei Zahne, woran das 7^{e} Korps keinen Anteil nahm.

Bivouac bei Zalmsdorf.

6^{n} September

Früh 9 Uhr abmarschiert. Das 7^{e} Korps nahm die Direktion nach Rohrbeck bei Jüterbogk, das 4^{e} Korps auf dessen linken Flügel fand zwischen Niedergersdorf und Dennewitz bei Jüterbogk lebhaften Widerstand vom Feinde.

Das 7^{e} Korps musste sich auf den linken Flügel des 4ten Korps begeben. Die Brigade Mellentin nahm das Dorf Niedergersdorf zweimal, musste aber endlich der

Übermacht weichen, da die Kolonnen auf deren linken Flügel vom 4ten Korps des Marschall Oudinot, sie nicht hinlänglich unterstützten. Der rechte Flügel fing auch an zu weichen und der Rückzug ward allgemein. Die Verwirrung war groß. Die Brigade zog sich in Bataillons-Karrees zurück. Das 1ste Bataillon Steindel, zu schwach, um ein Karree formieren zu können, ward von feindlicher Kavallerie durchbrochen. Der Generalmajor v.Mellentin mit dem Obersten v.Seydewitz, der Fahne und dem Rest des 1sten Bataillons Steindel ward von dem übrigen Teil der Brigade getrennt, traf späterhin den General Reynier mit dem sächs. Husaren-Regiment und der 2ten Division, und erhielt Befehl, dem Rückzug gegen Torgau zu folgen. Der Marsch wurde die ganze Nacht über Hartmanndorf, Horst, Loeben nach Annaburg fortgesetzt.

7^n September

Früh bei Annaburg gehalten, wo sich mehrere Offiziers von der Brigade wieder einfanden.

Von da auf der Straße nach Torgau den Rückzug fortgesetzt. Bei Rosenfeld abermals gehalten bis 12 Uhr mittags. Um 1 Uhr trafen wir bei Zwetau ein innerhalb der äußeren Torgauer Befestigungswerke. Der Rest des 2ten Bataillons Steindel war schon früher daselbst eingetroffen und vereinige sich wieder mit dem 1sten Bataillon.

Bivouac bei Graditz, wo sich der Rest der 1sten Division unter dem Generalleutnant von Lecoq wieder vereinigte.

Nach einer genauen Zählung hatte die Brigade 1.512 Mann verloren, darunter Hauptmann v.Brunnau vom Regiment Steindel tot und 7 Offiziers blessiert.

Der Bestand der Brigade war

Grenadier-Bataillon	6 Offiziers	274 Mann
Rgt. Friedrich	16	439
Rgt. Steindel	14	300
Summa	36 Offiziers	1.013 Mann

8^n September

Früh wurden bei Zinna die Regimenter in Bataillons formiert.

Bivouac bei Süptitz.

9^n September

Marsch über Grosswig und Wildenhain.

Bivouac bei Pressel.

Nachdem mehrere Mannschaften wieder eingetroffen waren, betrug der Verlust vom 6^n d.M. an Toten, Blessierten, Gefangenen und Vermissten bei der Brigade nur 1.060 Mann.

10^n September

Bivouac bei Düben

11^n September

Bivouac bei Schmiedeberg.

Marsch über Großkorgau und Da(h)l(en)berg. Bei Trossin langer Halt und endlich Bivouac bei Dommitzsch.

9 Tage Rast

21ⁿ September

Marsch über Kleinkorgau und Grosswig. Bivouac bei Reinhartz ohnweit Kemberg.

22ⁿ September

Nach eingegangener Königlicher Ordre wurden die beiden Sächsischen Infanterie-Divisionen in Eine formiert unter Kommando des Generalleutnants von Zeschau.

Der Generalmajor von Ryssel und der Oberst von Brause wurden bei dieser Division als Brigadiers angestellt.

Der bisher kommandierende Generalleutnant von Lecoq und der Generalmajor von Bose wurden nach Dresden berufen.

Der Generalmajor von Mellentin erhielt Ordre, mit seinen beiden Adjutanten nach Torgau zu gehen und daselbst das Kommando der Depots zu übernehmen. Beim Abgange desselben von dem mobilen Korps war der Bestand der bisherigen Brigade von Mellentin

Grenadier-Bataillon	8 Offiziers	283 Mann
Rgt. Friedrich	15	474
Rgt. Steindel	15	448
Summa	38 Offiziers	1.205 Mann

Regiment v. Steindel.		213

Rangliste der Herren Stabs- und Oberofficiere
des Regiments v. Steindel.

Charge.	Stab.	Patent.
Chef.	Friedrich Gottlob von Steindel, *. Generalmajor, Regimentschef,	20 Juni 1809 9 März 1813
Comandant.		
Oberstlieut.	Hanns August v. Seydewitz, *.	30 Juni 1812
Majors.	Andreas Gottfried v. Sichart. Siegm. Ge. Friedr. Aug. v. Wittern, *. Ant. George Heinr. v. Zanthier, agg. Gr. Christn. Ehrenfr. Fr. v. Larisch, *. aggr.	26 Jan. 1809 16 Mrz. 1810 1 Decb. 1810 2 Decb. 1810
Adjutanten.	Adolf George Wilhelm Leopold von Göphardt, *. Capit. Otto Friedrich v. Goldacker, *. Prltn.	4 Mai 1813 27 Oct. 1811
Regts Quartiermstr.	Maximilian August Peters, Sltn.	14 April 1810
		ernennt.
Auditeur.	Carl Friedrich Trübsbach.	28 Spt. 1803

Abb. 06   Eintrag für den Capitän v. Göphardt in der Stamm- und Rangliste 1813

2.

Brigade von Mellentin

vom 14^{n} August bis 7^{n} September
1813

Hauptmann von Göphardt

Hochwohlgeborener Hochgeehrter Herr Major*[4],

Ew. Hochwohlgebr. überreiche ich hiermit einen Auszug aus meinem Tagebuche, welcher die Zeit von dem Aufbruche des 7n Armeekorps aus dem Lager bei Görlitz – 14n August 1813 – bis nach den Schlacht von Jüterbogk – 7n September 1813 – umfasst und sich größtenteils nur auf die Bewegungen der Brigade von Mellentin beschränkt, soweit der damalige Drang der Umstände und mein Standpunkt als Brigade-Adjutant mir deren Aufzeichnung erlaubte.

Um durch ungewisse Angaben aus dem Gedächtnisse keine Irrungen zu veranlassen, gebe ich diese kleinen Notizen ganz so, wie ich sie damals niederschrieb, indem ich alles das unterdrücke, was nur für mich individuelles Interesse haben kann, und bitte Ew. Hochwohlgebr. sie aus diesem Gesichtspunkt zu beurteilen.

Genehmigen Sie die Versicherung wahrer Hochachtung und Ergebenheit, mit welcher ich bin

Ew. Hochwohlgebr.

gehorsamster Diener
Adolph von Göphardt, Hauptmann

Großenhayn,
am 20n Februar 1820

---

[4] Göphardt war 1820 beim Leibregiment als Capitain II.Klasse angestellt. Als Adressat kommt der Kommandeur des 3ten Bataillons, Major Johann Thim Maximilian von Dallwitz (Bruder des Johann Carl von Dallwitz) in Frage, da der zweite Major (Major von Hausen) Kommandeur der Garde-Division war, zu welcher G. nicht gehörte.

Brigade von Mellentin

/:   Gren.Batl. v.Spiegel
              Regiment Prinz Friedrich August
              Regiment v.Steindel   :/

vom 14^n August bis 7^n September 1813

(Auszug aus meinem Tagebuche)

14^n August

Aufbruch des Sächs. Korps aus dem Lager bei Görlitz

15^n August

Marsch über Neustadt nach Spremberg

16^n August

Marsch über Drebkow nach Reddern zwischen Drebkow und Kalau.

17^n August

Marsch über Ogerose, Kalau, Luckau nach Passerin bei Luckau.

Ende des Waffenstillstandes.

Hauptquartier in Uckro auf der Straße von Luckau nach Dahme.

18^n August

Marsch über Uckro – langer Halt – Kemlitz, Falkenberg, Gersdorf und Schenkendorf.

Bivouac bei Groß-Zischt zwischen den Straßen die von Dahme und von Luckau nach Baruth führen.

19ⁿ August

Marsch über Kemlitz und Lino

Bivouac bei Schönfeld zwischen Baruth und Luckenwalde

20ⁿ August

Rast

21ⁿ August

Das Korps überschritt die Preußische Grenze. Langer Halt bei Schönweide in der Mark.

Nachmittags Marsch über Cummersdorf und Gotsdorf.

Bivouac bei Christinendorf. /: Hier begannen wieder die Greuel der Verwüstung und Plünderung :/

Nächtlicher Alarm und Feuer im Dorfe.

22ⁿ August

Früh veränderte Position bei Christinendorf. Mittags das Defilee und Dorf Nunsdorf passiert. Jenseits auf der Höhe Position.

Gefecht bei Wittstock, woran jedoch die Division Lecoq keinen Anteil nahm.

Ein verschanzter Berg bei Wilmersdorf ward von der Brigade Brause und den Bayern stürmend genommen. Der Berg gebar wie in der Fabel eine Maus, denn die drohende Schanze ward in der Nähe fast zur Sandgrube und die vermeinte starke Besetzung zu ein paar Jäger-Kompanien ohne Geschütz.

Abends Bivouac bei Wittstock. – anhaltender Regen.

23^n August

Nachmittags im heftigsten Regen über Wittstock auf der Straße nach Berlin vorgerückt.

Bei Groß-Beeren /: 2 Meilen von Berlin :/ fanden wir die 2te Division und die französische Division Durutte im Gefecht; die 1ste Division rückte auf deren linken Flügel und ward sogleich mit dem Feind engagiert. Es hörte nicht auf zu regnen, die Kanonade war von beiden Seiten sehr lebhaft, der Wind uns entgegen. Das kleine Gewehr war durch die Nässe unbrauchbar geworden.

Bei Einbruch der Dämmerung musste das ganze 7^e Korps den Rückzug antreten, wir gingen wieder nach Wittstock zurück und erwarteten jenseits den Morgen.

24^n August

Früh bei Wittstock, dann bei Christinendorf einige Stunden gehalten und von da Rückzug nach Sachsen auf demselben Wege, auf welchem wir am 21^n gekommen waren.

Bivouac bei Schönfeld

25^n August

Fortgesetzter Rückzug über Jänickendorf, Hohen-Schlenz und Lichtefelde.

Bivouac bei Werbig zwischen Dahme und Jüterbogk.

Vereinigung mit dem Korps des Marschall Oudinot.

26^n August

Rast

Abb. 07   Umgebung zwischen Jüterbog, Luckau und Großbeeren (Hrsg.)

[145]

27ⁿ August

Marsch gegen Jüterbogk.

Ein kleines Russische-Preußisches Streifkorps verließ diese Stadt und wurde zurückgedrängt. Das Sächs. Korps kam nicht zum Gefecht. Heftiger Regen und langer Halt bei Jüterbogk, endlich Bivouac bei Rohrbeck an der Straße von Jüterbogk nach Torgau.

28ⁿ August

Mittags Aufbruch und Marsch in Schlachtordnung zwischen den Dörfern Dennewitz und Niedergersdorf durch, auf der Ebene rechts der Wittenberger Straße bis Mellnsdorf; daselbst au bivouac. – Während des Marsches stete kleine Gefechte unserer Vor- und Seitentrupps mit den Kosaken.

29ⁿ August

Marsch bis Krobstaedt an der Straße von Treuenbrietzen nach Witenberg und

Bivouac zwichen Krobstadt und Marzahne unweit Zahna

Nachmittags wurde das Sächs. Korps plötzlich vom Feinde angegriffen, der unseren linken Flügel zu umgehen drohte. Die französischen Korps des Marschall Oudinot und Generals Bertrand erschienen endlich in unserer rechten Flanke, worauf der Feind sich zurückzog.

30ⁿ August

Die französische Division Durutte besetzte das Dorf Jahmo auf unserem linken Flügel, worauf die Brigade Mellentin zur Verbindung mit dieser Division und dem

Sächs. Korps gegen Wettin zu etwas vorrücken musste. Nachmittags hatte das Oudinot'sche Korps ein Gefecht bei Marzahne, worauf der Feind sich gegen Treuenbrietzen etwas zurückzog.

31^{n} August

Rast

1^{n} September

Das Sächs. Korps veränderte seine Stellung, indem es sich mehr links gegen Jahmo und Grabo zog. Die Brigade Mellentin blieb bei der Schäferei von Krobstaedt. Das 12^{e} und 4^{e} Armee-Korps unter Oudinot und Bertrand besetzten die nächsten Umgebungen von Krobstaedt.

/: Französische Soldaten stürzten haufenweise ins Dorf und schleppten an Lebensmitteln und anderen Dingen alles fort, was wir 3 Tage lang beschützt hatten :/

2^{n} September

ward abermals die Stellung verändert. Die Brigade marschierte früh 3 Uhr nach Jahmo, wo sie von 4 Uhr an bis mittags 12 Uhr in Kolonne weitere Befehle erwarten musste, endlich au bivouac bei Jahmo.

3^{n} September

Der kommandierende Herr Generalleutnant von Lecoq hatte diese Nacht bei den Vorposten der leichten Infanterie biwakiert.

Früh 3 Uhr allgemeiner Aufbruch und Marsch über Mochau in die Position bei Dobien, zwischen Schmilkendorf und Teuchel.

Zahlreiche feindliche Kolonnen folgten uns und schienen einen Hauptangriff ausführen zu wollen. Der Angriff geschah an mehreren Punkten, doch nicht stark genug, uns aus der Position zu treiben; hier und da kam es aber zu hartnäckigen Tirailleur-Gefechten, wozu auch die Brigade ein paar Bataillons entsenden musste.

Das 4^e, 7^e und 12^e Armee-Korps – ich weiß nicht, ob noch mehr – war in dieser Position vereinigt und bildete einen Halbkreis um Wittenberg, etwa eine Stunde von dieser Stadt.

Es wurden Verschanzungen angelegt.

4^n September

Marschall Ney, Herzog von Moskwa, abgeschickt vom Kaiser Napoleon, das Kommando der hier versammelten Truppen zu übernehmen, kam an und hielt Mittags große Revue.

5^n September

Marsch aus der Position über Bülzig und Zahna – bei Zahna Gefecht, woran das 7^e Korps keinen unmittelbaren Anteil nahm.

Bivouac bei Zalmsdorf auf der Straße von Wittenberg nach Jüterbogk.

6^n September

Früh 9 Uhr abmarschiert.

Das 7^e Korps nahm die Direktion nach Rohrbeck bei Jüterbogk.

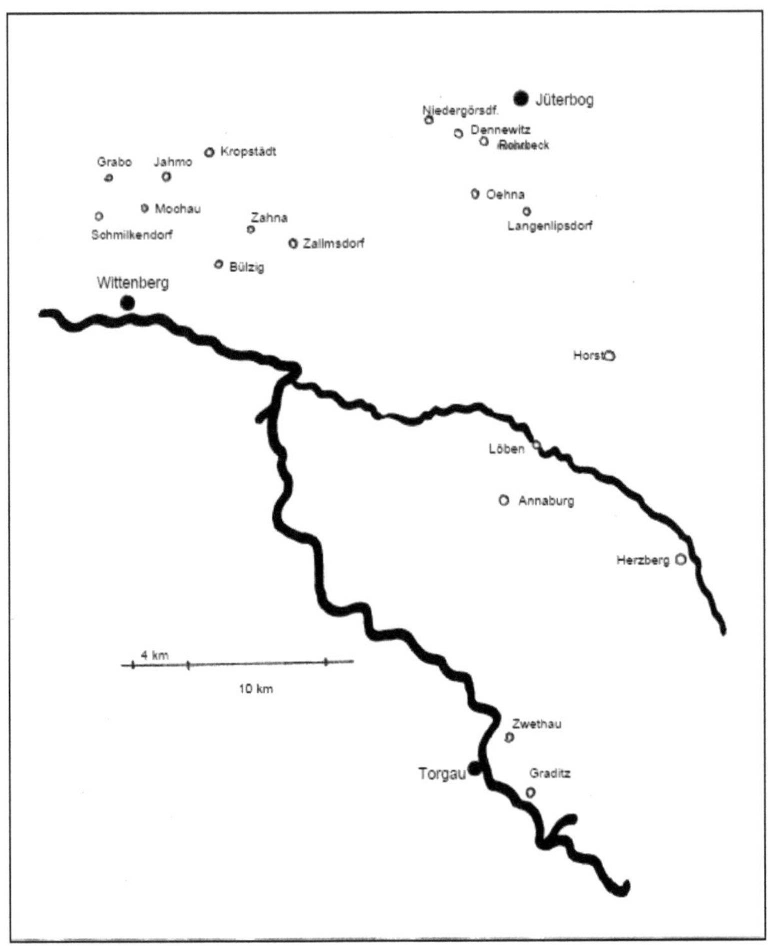

Abb. 08   Umgebung zwischen Wittenberg,
Jüterbog und Torgau (Hrsg.)

Das 4^e Korps uns zur linken fand zwischen Niedergersdorf und Dennewitz bei Jüterbogk lebhaften Widerstand vom Feinde.

Das 7^e Korps stand während dem eine Stunde oder länger untätig auf dem rechten Flügel und ward endlich durch einen Flankenmarsch auf den linken Flügel der französischen Stellung geführt.

Die Brigade von Mellentin erhielt den Auftrag das Dorf Niedergersdorf, welches links vorwärts lag, zu nehmen. Der Angriff geschah sogleich durch das Grenadier-Bataillon von Spiegel und das Regiment von Steindel; das Regiment Prinz Friedrich, in Bataillons-Karrees formiert, folgte der Bewegung dieser 3 Bataillons, um ihnen als Replie dienen zu können. Das Dorf ward zweimal genommen, konnte aber, nachdem wir alle Munition verschossen hatten, da die französischen Kolonnen auf unserm linken Flügel – es hieß, sie wären vom Oudinot'schen Korps – uns nicht unterstützten, nicht länger behauptet werden. Der rechte Flügel fing auch an zu weichen und der Rückzug ward allgemein.

Das Regiment Steindel, welches vorzüglich das Dorf verteidigte und bei welchem sich der Generalmajor von Mellentin wesentlich aufhielt, hatte am meisten verloren.

Hauptmann v.Brunnau war geblieben, Hauptmann v.Koppenfels und Premierleutnant v.Neitschütz waren schwer blessiert – beiden sind an ihren Wunden in Torgau gestorben.

Als wir die kleine Anhöhe erreichten, von welchen herab der anfangs so glückliche Angriff auf Niedergersdorf begonnen hatte, fanden wir einen Munitionswagen mit Flintenpatronen, den der kommandierende Herr Generalleutnant v.Lecoq zuschickte, da ich demselben unseren Mangel daran hatte melden müssen.

Lobenswert war hier der Eifer von Unteroffizieren und Soldaten, ihre Patronentaschen wieder zu füllen, um aufs Neue dem Feinde die Stirn bieten zu können, während hinter und neben uns Mancher nur noch an persönliche Rettung zu denken schien; allein die Bemühungen der Offiziere, dieses Geschäft mit Ordnung zu betreiben, waren vergebens, und so ward uns selbst diese Unterstützung verderblich. Zwar wurde das Regiment, dem feindlichen Kartätschenfeuer ungeachtet, wieder einigermaßen geordnet; aber ehe ein Karree zustande kam, ward es von feindlicher Kavallerie durchbrochen.

Bei den vielen erst im Görlitzer Lager gebildeten Rekruten muss man bewundern, was bis dahin geleistet ward.

Der Generalmajor v.Mellentin mit seinen Adjutanten, mit dem Oberst v.Seydewitz und dem 1^{n} Bataillon v.Steindel ward von dem übrigen Teile der Brigade getrennt. Um und neben uns waren nun Franzosen und Rheinbundtruppen aller Waffen in regelloser Flucht und alles wurde wie von einem Strome unaufhaltsam mit fortgezogen.

Die allgemeine Richtung war anfangs nach Dahme zu, dann teilte sich ein Arm des großen Stromes gegen Torgau.

Die Dörfer Oehna und Langenlipsdorf blieben uns links; bei letzterem Dorfe ward auch der Brigadeadjutant v.Hartitzsch, indem er einen Boten holen wollte, von uns getrennt.

Vor Hartmannsdorf trafen wir den General Reynier mit dem Sächs. Husarenregimente und der Sächs. 2ten Division und erhielten Befehl, dem Rückzug gegen Torgau zu folgen. Der Marsch wurde die ganze Nacht über Hartmannsdorf, Horst und Loeben, wo wir die Schwarze Elster passierten, nach Annaburg fortgesetzt.

7^n September 1813

Früh bei Annaburg gehalten, wo sich mehrere Versprengte der Regimenter Prinz Friedrich und v.Steindel wieder einfanden.

Von da fortgesetzter Rückzug auf der Straße nach Torgau. Bei Rosenfeld abermals gehalten. Um 1 Uhr mittags trafen wir bei Zwetau ein, im Bezirk der Torgauer Außenwerke und 2 Stunden später bezogen wir den Bivouac bei Gratitz, wo wir den kommandierenden Herrn Generalleutnant von Lecoq mit der Brigade v.Brause, dem Grenadierbataillon v.Spiegel und dem Regiment Prinz Friedrich antrafen, nachdem das Regiment v.Steindel, wovon ein Teil über Herzberg kam, sich schon bei Zwetau wieder vereinigt hatte.

Nach einer genauen Zählung hatte die Brigade v.Mellentin in diesen 24 Stunden 1.512 Mann verloren, wovon man freilich die Zahl der darunter begriffenen Toten, Blessierten und Gefangenen gar nicht ausmitteln konnte.

Liste der im Text erwähnten sächsischen Offiziere

Bose, Carl Otto von; Major (18.03.1810) im Regiment Niesemeuschel

Brand, Moritz Christoph von; Major (06.05.1810) im Regiment Friedrich

Brunnau, Friedrich Wilhelm von; Capitaine (25.10.1810) im Regiment Steindel

Hartitzsch, Ludwig George von; Premierleutnant (26.04.1809) im Regiment Friedrich

Koppenfels, Christian Friedrich Constantin von; Capitaine (09.08.1811) im Regiment Steindel

Larisch, Christian Ehrenfried Friedrich von; aggr. Major (02.12.1810) im Regiment Steindel

Mellentin, Alexander Ferdinand von; Generalmajor (14.05.1813); vorher Oberst und Kommandeur des Regiments Steindel.

Metzradt, Carl August von; aggr. Major (17.07.1812) im Regiment Leib-Grenadier-Garde; im Herbst 1813 z.D. im Regiment König

Neitschütz, Friedrich Wilhelm von; Premierleutnant (15.08.1811) im Regiment Steindel

Ryssel, Xaver Gustav Reinhold von; Oberst (31.07.1812) und Kommandeur des Regiments Anton; Brigadier (27.07.1813) und Generalmajor (22.09.1813)

Sahr, Carl Ludwig Sahrer von; Generalleutnant (14.05.1813)

Spiegel, Heinrich Wilhelm von; Grenadier-Major (16.08.1811) im Regiment Rechten

Steindel, Friedrich Gottlob von; Generalmajor (20.06.1809), Regimentschef des Regiments Steindel (09.03.1813)

Zeschau, Heinrich Wilhelm von; Generalleutnant (25.02.1810)

Zychlinski, Leopold Ferdinand von; Premierleutnant (07.10.1809) im Regiment Sahr; 1813 z.D. im Jägerkorps als dessen Kommandant

Regiment vac. Miesemeuschel. 179

Souslieutenants.	Patent.
Friedrich Wilhelm v. Berge, Prltn.	6 Sept. 1811
Adolph v. Nostitz.	17 Aug. 1809
Carl Christian Friedrich Altmer.	9 Octb. 1809
August Wilhelm v. Petrikowski.	10 Oct. 1809
Carl Otto v. Dallwitz.	20 Oct. 1809
Carl Christian August Edler v. d. Planitz, *. Gr.	23 Jan. 1810
Hanns Friedrich August Altmer.	13 Feb. 1810
Wilhelm August Keck v. Schwarzbach.	17 Mrz. 1810
Ludwig Gottlob Ferdinand v. Zeschau, Gr.	27 Mrz. 1810
Franz Leopold v. Funck, Gr.	28 Mrz. 1810
Friedrich Wilhelm v. Zezschwitz.	2 April 1810
Carl August v. Helldorff, Gr.	3 April 1810
Johann Christoph Queißer. *.	4 April 1810
Friedrich Wilhelm v. Brandenstein.	25 April 1810
Carl Eduard Buschbeck.	30 April 1810
Johann Traugott Joseph Richter, *.	3 Mai 1810
Johann Ernst Gophardt v. Schieck.	4 Mai 1810
Johann Carl v. Dallwitz.	14 Juni 1811
Friedrich Wilhelm Daßdorf.	19 Juli 1811
Carl Wilhelm v. Tettenborn.	6 Sept. 1811
Heinrich Christian v. Polenz, aggr.	7 Sept. 1811

Abgang und Versetzung. Der charact. Maj. Graf v. Bünau erhielt das
Creiscommissariat im Niederdistrikt des Leipziger Creises; der Capit.
v. Friederici, die Prltns. v. Schöning und Freih. v. Kaiserling,
kamen in Pension; Sltn. Kuppermann ward entlassen

Abb.09 Eintrag für Johann Carl v.Dallwitz / SR-Liste 1812

Quellen

Schriften

Hauptstaatsarchiv Dresden
Bestand 11339 Generalstab
Akte No. 608 (Göphardt)
Bestand 11372 Militärgeschichtliche Sammlung
Akte No. 088 (Dallwitz)

Stamm- und Rang-Liste der Kön. Sächsischen Armee auf das Jahr 1807 – Dresden 1807

Stamm- und Rang-Liste der Kön. Sächsischen Armee auf das Jahr 1808 – Dresden 1808

Stamm- und Rang-Liste der Kön. Sächsischen Armee auf das Jahr 1813 – Dresden 1813

Stamm- und Rang-Liste der Kön. Sächsischen Armee auf das Jahr 1820 – Dresden 1820

Stamm- und Rang-Liste der Kön. Sächsischen Armee auf das Jahr 1840 – Dresden 1840

Karten

A new map of the Kingdom of Poland – London 1787

Hohnmann – Belgium Catholicum 1747 (www.wikimedia.org/wikipedia/commons/1/10/1730:Ho mann_Heirs_Map_of_Belgium_and

Weiland kgl. preuß. Provinz Schlesien Weimar 1856 www.zittau.eu/3_portrait/geschichte/eb_goephardt.htm

In dieser Reihe sind an Memoiren, Berichten und Tagebüchern bisher erschienen: